Printed in Dunstable, United Kingdom

91230694R00085

אַסְפָּקַת שֵׁרוּתֵי דָּת בְּיִשְׂרָאֵל

הַעֲבָרַת מֶרְכַּז הַכֹּבֶד

מֵהַשִּׁלְטוֹן הַמֶּרְכָּזִי לַמְּקוֹמִי

אלירם אלגרבלי

ירושלים תשע״ג–2012

PROVISION OF A RELIGIOUS SERVICES IN ISRAEL

Eliram Elgrably

פלי הוצאה לאור

www.pelly.co.il

פניות למחבר: law@eliram.net

הדין והפסיקה כנתינתם בנובמבר 2012

לרויטל באהבה,

"אתה דורש את הפרדת הדת והמדינה כדי שהדת תשוב להיות גורם עצמאי אשר השלטון המדיני יצטרך להתמודד עמו.

אני שולל הפרדה זו – אני רוצה שהמדינה תחזיק את הדת בידה".

(דוד בן גוריון לישעיהו ליבוביץ)

תוכן

מבוא

אֲרֻכָּה מֵאֶרֶץ מִדָּהּ וּרְחָבָה מִנִּי יָם היא סוגיית "דת ומדינה" בישראל. נשתברו עליה קולמוסין הרבה. מקלדות, שהפכו בה והפכו בה, נשחקו עד דק. ואילו היא, מִפקידה לפקידה מתחדשת ומתקדשת כלבנה במילואה, חוזרת ונעורה, רובצת עלינו בכל כובדה ועוצמתה.

בימי חלדה של המדינה נסבה בעיקרה סוגיית דת ומדינה על יסוד מחלוקות **אידיאולוגיות** בדבר אופייה של המדינה וזהותה. האקלים אז היה שונה; החברה, הלאום והתרבות שֻׁווּ בעיני רוחם של מייסדי המדינה באופן אחר. השאלות שהועמדו אז לבחינה היו בעיקרן קושיות במרחב הרעיוני-ערכי-חלוצי, בדבר האיזון בין יהדותה של המדינה לדמוקרטיות שלה, וכיצד יכולות שתי אלה לדור בכפיפה אחת.

בשנים האחרונות עולה התחושה כי המתח בענייני דת ומדינה הולך ומתעצם. ברם, הנסיבות למתיחות השתנו. קרנן של השאלות האידיאולוגיות באשר לדמותה של המדינה ירדה, מחלוקות נוסח "מהי הדרך?" התקהו והעיסוק הציבורי בהן פחת, ותחתן מרחפת בחלל הציבורי שאלת מיליון הדולר: "איפה הכסף?". הסיבות לכך רבות ומגוונות, אך דומה כי להפרטה, לאינדיווידואליזם ולמגזריות יש משקל רב לכך.[1] ההפרטה הכלכלית שחוותה המדינה בשלושת העשורים האחרונים לוותה בתהליך של הפרטת התודעה, ניתוץ מיתוס ה'ביחד' והחלפתו בערכים אינדיבידואליים כגון חירות אישית, הישגיות ורצון לרווח; כל מגזר נהיה קיצוני והתרחק – ועל כל התרחקות גברה הדרישה לקבלת משאבים. ממילא, בהיעדר סולידאריות ושוויון כלכליים אין שום גורם שבכוחו למתן את האינטרסים של כל מגזר ואדם פרטי להשאת "רווחים", והמתח בין הדת למדינה הולך ומעמיק.

הבא לפתוח פתח כחודו של מחט במסכת הארוכה של יחסי "דת ומדינה" בישראל,[2] יגלה חיש כי נפתח לו פתח כפתחו של אולם. אשר על כן, בדברים שלהלן אנסה "לסגור צמצם" ולבחון אך אספקט **מוגדר וספציפי** ביחסי הדת והמדינה, והוא **אופן תקצוב שירותי הדת בישראל**.

1 על הליכי הפרטה ופגיעתה בשכבות החלשות ראו, למשל, דני גוטווין "תמורות במדיניות הכלכלית של הימין הישראלי 2003-1997: מהפרטה מלאימה להפרטה אוליגרכית" **עבודה, חברה ומשפט** י 221 (תשס"ד), עמ' 229: "משטר ההפרטה עומד בניגוד לערכי הסולידריות הלאומית והחברתית המהווים יסוד מרכזי בציונות, שלמרות הפיחות במעמדה, מהווה עדיין את האידיאולוגיה ההגמונית המגדירה את זהותם של חלקים רחבים באוכלוסייה היהודית בישראל".

2 יחסי דת ומדינה בישראל מוגדרים יותר נכון כ"עימות מתמשך ובלתי פוסק שבין הציבור הדתי והציבור החילוני במדינת ישראל" – אביעד הכהן "משפט ורפואה ב"מדינה יהודית ודמוקרטית": בין אנטומיה של חוק לפתולוגיה של יחסי דת ומדינה" **שערי משפט** ב(2) 189 (תש"ס), עמ' 190.

כידוע, מאז קום מדינת ישראל ועד היום, סל השירותים שהיא מספקת לאזרחיה כולל, בין היתר, שירותי דת. תקצוב ענייני הדת (מוסדות, שירותים, לימודים) מהווה לא אחת הלוז, הגרעין הקשה לפיצוח, של תקציב המדינה בכללותו. ביקורת על אופן תקצוב שירותי הדת – ואף על עצם מעורבות המדינה בסוגיות אלה – מתעוררת חדשות לבקרים. חוסר השביעות הציבורי ניכר תדיר, הן כלפי זרועות השלטון והן כלפי ציבור הדורשים (והמקבלים) שירותי דת מהמדינה. הֵן הִנֵּה, סוגיות דת ומדינה תרמו תרומה מכרעת – ושלילית למדי – למרקם החברתי השברירי בישראל, ודומה כי מחלוקות התקציב עלו על כולנה בהיבט של העמקת השסע בין הדתיים לחילוניים.

ומן הכלל (דת ומדינה) אל הפרט (תקצוב דת). סוגיית **מיסוד שירותי הדת** היא ענף במכלול הרחב של היחסים הטעונים שבין דת ומדינה. לענף זה שני היבטים מרכזיים. היבט ראשון הוא שאלת ה"**כמה?**"; קרי, מה היקף שירותי הדת שעל המדינה להעניק לאזרחיה. היבט שני הוא שאלת ה"**כיצד?**"; קרי, באיזה אופן יש לתקצב מוסדות ושירותי דת.

שאלת ה"כמה": מה היקף שירותי הדת שעל המדינה להעניק לאזרחיה?

נביא מספר דוגמאות לשאלות "כמה": כמה כסף יוזרם למועצות הדתיות? האם באחריות המדינה לבנות בתי כנסת? האם מנקודת מבט דמוקרטית-ליברלית צריכה המדינה לתמוך בשירותי דת? האם על המדינה להישאר ניטרלית בכל האמור לאורחות חייו של האדם ולהימנע מקידומן של תפיסות טוב כלשהן? כל אלה שאלות שנגזרות מה"**כמה?**" (כשגם 0 היא תשובה במקרה זה) – שאלות אידיאולוגיות בעיקרן, המוכרעות במגרש הפוליטי והמשפטי (ולא האקדמי); וכידוע, כמקובל בקונפליקטים פוליטיים, המחלוקות בדבר היקף מימון שירותי הדת מוכרעות במידה רבה בדרך של כיפוף ידיים ושל הסכמי קח-תן סיעתיים. אשר על כן, ברשימה זו אדרש אך בעקיפין לשאלות ה"**כמה**" ותולדותיהן, וככל שעסקינן בהיבט הנורמטיבי של תקצוב דתי, הנחת היסוד תהא מושתתת על תפיסה לפיה **למדינה מוקנית הזכות לתמוך בדת בכלל**, ואפילו להעדיף זרם דתי מסוים על פני זרמים דתיים אחרים או אופציות מעין-דתיות, בלא שהדבר יהיה כרוך במחיר כבד מדי מנקודת מבט דמוקרטית-ליברלית.[3] זאת, בשונה למשל מהנהוג מארה"ב בה הפרדת הדת מהמדינה אמורה להיות מוחלטת, וחל איסור על תקצוב מוסדות דת.[4]

3 על הלגיטימיות של המדינה לתמוך ולבכר זרם אחד על פני זרם אחר, ראה: גדעון ספיר "גבולות מיסוד הדת" **משפט וממשל** ח 155 (תשס"ה), עמ' 162-165. לפי דבריו, אין סיבה לאסור על המדינה לתמוך בדת, אך זאת בכפוף לשתי מגבלות: המגבלה הראשונה, שאינה ייחודית לדת, הינה כי אין להצמיד תג מחיר גבוה מדי לבחירה באופציות שאינן נתמכות על ידי המדינה – זאת בשל חשיבותה של הזכות לאוטונומיה ועל מנת למנוע כפייה דתית. המגבלה השנייה, היכולה לשמש

שאלת ה"כיצד": כיצד יש לתקצב את שירותי הדת?

נביא מספר דוגמאות לשאלות "כיצד": כיצד ראוי לתקצב את אספקת שירותי הדת בישראל? האם המימון והמיסוד הציבורי של חלק משירותי הדת במדינת ישראל נכון שייעשה מקופת השלטון המרכזי – או שמא רצוי שהרשויות המקומיות, שהן מטבע ברייתן בעלות אופי מקומי וקהילתי יותר, ישאו בנטל הזה, בהתאם למרקם החברתי הקיים בתחומן? האם ישנה אופציה שלישית, נוספת, של מיסוד אספקת שירותי הדת באמצעות הקהילות הדתיות (או ועדי שכונות) בכל אתר ואתר?

שאלות אלו ועוד תיבחנה במסגרת חיבורי זה. בתוך כך, אבחן האם קיימת חלופה לשיטה הנהוגה כיום בישראל לתקצוב שירותי דת, והאם תיתכנה חלופות שיהיה בהן כדי למוסס ולפורר קמעא את סלע המחלוקת של "דת ומדינה" לעבר מחלוקות קטנות ומקומיות יותר – "דת ועירייה", ואולי אף "דת וקהילה".

ברוח הדברים שלעיל, אבחן כיצד העביר המחוקק במקרים מסוימים את המתח הבין-דתי מהרמה הארצית לרמה המקומית. כך, למשל, בכל הנוגע להסמכת רשויות מקומיות לקבוע הוראות באשר לממכר בשר חזיר ומוצריו, נקבע כי כל רשות בסוגיה זו מוסמכת לנהוג כפי שיקול דעתה והגיון לבה. נקדים את המאוחר ונביא את לשון הנשיא ברק:[5]

> "המטרה, אפוא, כי האיזון... לא יעשה ברמה הארצית, על פי נוסחת איזון עקרונית שהמחוקק קְבָעָהּ. **תחת זאת, המטרה הייתה לאיזון שיעשה ברמה מקומית. באיזון מקומי זה תהא התחשבות בצביונה של הרשות ובנתונים המשתנים שבכל רשות מקומית.** התוצאה היא, אפוא, כי **המתח הועבר למישור המקומי. שיקול הדעת הוענק לרשות המקומית.**" (ההדגשות נוספו)

באנלוגיה לסמכות זו (של מכירת בשר חזיר) שהואצלה לרשויות המקומיות, אבקש לבחון מודלים שונים שהוצעו באשר להעברת האחריות והסמכות השוטפת בתחום שירותי הדת מידי המדינה, תוך שימוש ברמה המקומית כְּשְׂדֵה-התנסות בפתרון בעיות אלה.

כעקרון חוקתי עצמאי, הינה איסור על מיסוד הדת שמטרתו לשמור על הפרדה מוסדית בין הדת למדינה, הפרדה שעשויה לקדם את פתרון הבעיות בנושא דת ומדינה בישראל.

4 התיקון הראשון לחוקה האמריקאית:

"Congress shall make no law respecting an establishment of religion, or prohibiting the free exercise thereof; or abridging the freedom of speech, or of the press; or the right of the people peaceably to assemble, and to petition the Government for a redress of grievances"

5 בג"צ 953/01 **מרינה סולודקין נ' עיריית בית-שמש** פ"ד נח(5) 595 (14.06.2004), פסקה 22.

מפת הדרכים לחיבורי זה תהא כדלקמן:

ראשית, אציג סקירה תמציתית אודות היחסים שבין דת למדינה בישראל, ואמנה את עיקרי ההיבטים הרלוונטיים לנושא זה.

שנית, אסקור בקצרה את מארג היחסים שבין השלטון המרכזי לשלטון המקומי. אבחן את התמורות והשינויים המתחוללים בשנים האחרונות ברשויות המקומיות, ואמנה את החסרונות הקיימים במודל הריכוזי, שהוא הדומיננטי בישראל.

שלישית, אבקש לבחון האם קיימת אפשרות ליישום מודל בו לרשויות מקומיות תוענק עצמאות בהיבטים של דת ומדינה, ולאפשר להן לפעול בְּסוּבֶּרֶנִיּוּת – אי תלות, ריבונות ויכולת תקצוב עצמאית – בהתאם למרקם החברתי המצוי בתחומה.

רביעית, אסקור את שורת הרפורמות שהועלו ב-20 השנים האחרונות לבחינת אספקת שירותי הדת בישראל.

חמישית, אביא, בקיצור מרובה, את עיקרי השיטה לאספקת דת הנהוגה בגרמניה וארה"ב, תוך בחינה של הקהילות היהודיות בארה"ב ודרך התמודדותן עם שיטה זו.

שישית, אנסה להציג את תפיסתי לאספקת דת באופן שתעלה בקנה אחד עם סטנדרטים נורמטיביים וניהוליים, ואשר יהיה בה כדי לרכך לשיעורין את הקשר בל-ינתק בין הדת למדינה. הצעתי, בקצירת האומר, תהיה להעביר את האחריות והסמכות השוטפת בתחום שירותי הדת, מן המדינה לרשויות המקומיות, בשיתוף עם הקהילות.

מכל מקום, אך ודאי הוא, כי מציאת הפתרונות בתחום תקצוב שירותי הדת, מהווה רק **נדבך מסוים** במערכת יחסי הגומלין המסועפת והעבותה שבין הדת והמדינה, וההצעות שיובאו כאן, ראוי להן להיבחן גם בהקשרים כלליים יותר – תקציביים, מנהליים, פוליטיים, לבר משפטיים – שאם אבוא לבררם ולחברם ולפרשם, יכלה הזמן והמה לא יכלו.[6]

כעת, אפנה לגופם של דברים. ראשון ראשון ואחרון אחרון.

6 הפוליטיזציה של סכסוכי הדת בישראל נידונה בהרחבה במאמרו של אליעזר דון-יחיא "הפוליטיקה של ההסדרה: יישוב סכסוכים בנושאי דת בישראל" **מכון פלורסהיימר למחקרי מדיניות** (1997), עמ' 17-27.

פרק א': דת ומדינה בישראל

ביטוי בולט לאפיונה של מדינת ישראל כמדינה יהודית הוא המעורבות הרבה של המדינה באספקת שירותי דת ובהסדרת פעילות של פולחן דתי, בעיקר של הציבור היהודי. בלשון כללית ניתן לומר, כי בהשוואה למדינות העולם המערבי, ישראל נחשבת לאחת המדינות הבולטות במיסוד הממלכתי של הדת בתחומה,[7] שכן היא פועלת באופן אקטיבי למימוש הזכות הקיבוצית של אזרחי ישראל היהודים לקבלת שירותי דת.[8] התפיסה המקובלת היא, כי בצד מתן הזכות של כל קהילה דתית להתארגן באורח וולונטרי ולדאוג להספקת שירותיה, המדינה תסייע לעדות הדתיות העיקריות, ובייחוד לדת היהודית, באמצעות קביעת מוסדות רשמיים בעלי סמכויות שלטוניות המופקדים על אספקת שירותי דת.

ההסדרים הקיימים בישראל ליהודים בתחום של דת ומדינה מבטאים, בין היתר, את האפיון שלה כמדינה יהודית ודמוקרטית. "מדינה יהודית" לעניין זה מתאפיינת בשני ממדים מרכזיים: הממד ה"מורשתי" השם בעיקרו דגש על הפן ה"יהודי" של המדינה, והממד ה"ציוני" השייך לרובד הלאומי-ישראלי.[9] יהדותה של המדינה, אפוא, מתבררת בשישה מישורים עיקריים:

א) מתן עדיפות ליהודים בכניסה לישראל (מכוח חוק השבות);[10]

ב) נקיטה באמצעים לשימור הרוב יהודי בקרב אזרחי ישראל;[11]

ג) החלת מגוון של הסדרים שתכליתם מתן "צביון יהודי" לחיים הציבוריים, ובכלל זה הגבלת חירויות הפרט מכוח אכיפה שלטונית של נורמות דתיות;[12]

---

7 לפי סמי סמוחה, ריכוז הדת ומרכזיותה של היהדות במדינה הופך, בין היתר, את ישראל למשטר דמוקרטי לא מערבי מסוג "דמוקרטיה אתנית"; משטר זה הינו בעל איכות נמוכה אך הוא יציב; ישראל מתפקדת כדמוקרטיה אתנית באופן די שקוף, והדבר משתקף בבהירות ביחסי ערבים-יהודים, אך לא רק. ראה: סמי סמוחה "המשטר של מדינת ישראל: דמוקרטיה אזרחית, אי-דמוקרטיה, או דמוקרטיה אתנית?" **סוציולוגיה ישראלית** ב, 2 565 (2000), עמ' 616-618.

8 לעניין זה ראה, בין השאר דברי השופט חשין בבג"צ 240/98 **עדאלה נ' השר לענייני דתות** פ"ד נב(5), 167 (03.12.1998).

9 ברק מדינה ויואל חשין "דת ומדינה במדינת ישראל: סקירה של ההסדרים הקיימים" **המכון הישראלי לדמוקרטיה**, עמ' 1

10 ראה: חוק השבות, תש"י-1950. לטיעונים המצדיקים את עיקרון השבות, ראה: רות גביזון **שישים שנה לחוק השבות: היסטוריה, אידיאולוגיה, הצדקה** (מרכז מציל"ה, ירושלים, התש"ע-2009), עמ' 27-42.

11 למידת הלגיטימיות של אכלוס מכוון של יהודים ונקיטה באמצעים לשימור הרוב היהודי, עיין: משה ליסק ודן הורוביץ **מצוקות באוטופיה: ישראל – חברה בעומס יתר** (1990), עמ' 9-39.

12 אלה הוראות בהן נקבעו הגבלות ואיסורים מפורשים, המצמצמים את מרחב שיקול הדעת של הרשות השלטונית, ומחייבים אותה לפעול לקידום הצביון היהודי. למשל: חוק איסור גידול חזיר,

ד) אספקה שלטונית נרחבת של שירותי דת, בעיקר לציבור היהודי;

ה) החלת דין תורה כדין האישי של יהודים בישראל;[13]

ו) קיום זיקה משמעותית ליהדות התפוצות ומתן מעמד ממלכתי למוסדות של העם היהודי.[14]

לכל אחד משׁשת המישורים לעיל קיימות גישות והשקפות שונות בדבר היקף המעורבות הרצוי של המדינה בנושאים אלה. על כל פנים, אלה הם ענייני דיומא; העיסוק בהם רוֹוֵחַ, והם זוכים להתדיינות מעמיקה ורחבת היקף. מפאת קוצר היריעה, בחיבורי כאן אבקש להתייחס אך ורק לסוגיות הנוגעות למאפיין הרביעי שהוזכר לעיל – קרי, **אספקה שלטונית נרחבת של שירותי דת, בעיקר לציבור היהודי** – ובפרט בהיקפים ובאופן התקצוב השלטוני של אספקת שירותי דת (באמצעות הגופים והמוסדות השונים).

יהדות, דת ותקציבים - הבסיס המשפטי

בטרם נפנה לסקירת ההסדרים הנוהגים כיום בישראל בענייני דת ומדינה, נציין בקצירת האומר את השורשים הנורמטיביים למיסוד ותקצוב שירותי דת בישראל לציבור היהודי.

כידוע, מייסדי המדינה ובוניה היו רובם ככולם יהודים ששאפו לכונן בית יהודי בארץ ישראל, והובילו לכך שהיהודים מהווים את רוב בניינה ומניינה של הארץ. היהדות, על תכניה השונים, היא הבסיס לתחושת הקשר בין העם היהודי לבין הארץ שהוא שב אליה ויושב בה.[15] ואכן, במגילת העצמאות אופיינה ישראל כ"מדינה יהודית בארץ-ישראל" והמילה "דמוקרטיה" נעדרת ממנה על כל הטיותיה (!). המונח "מדינה יהודית ודמוקרטית" בנוסחו המוכר הופיע לראשונה בספר החוקים רק בחוקי היסוד שנחקקו ב-

תשכ"ב-1962; חוק חג המצות (איסורי חמץ), תשמ"ו-1986; סעיף 2 לחוק בשר ומוצריו, תשנ"ד-1994; סעיף 1 לפקודת מאכל כשר לחיילים, תש"ט-1948. נוסף להסדרים אלה, הממשלה נוהגת להנחות חברות ממשלתיות המספקות שירותים ציבוריים להימנע מלפעול בשבתות ובמועדי ישראל, להגיש אוכל כשר בלבד, ועוד.

13 בהתאם להוראות סעיף 2 לחוק שיפוט בתי דין רבניים (נישואין וגירושין), תשי"ג-1953.

14 ראה לעניין זה את חוק מעמדן של ההסתדרות הציונית העולמית ושל הסוכנות היהודית לארץ-ישראל, תשי"ג-1952. בל יפקד מקומו של חוק בית התפוצות, תשס"ו-2005, שאף בו יש ביטוי לקשר המוסדי עם יהדות התפוצות. כן ראוי להביא בהקשרנו את הצעת חוק-יסוד: ישראל – מדינת הלאום של העם היהודי, בה הוצע להקנות מעמד חוקתי לקשר עם יהודי התפוצות: "המדינה תפעל לחיזוק הזיקה בין ישראל ובין הקהילות היהודיות בתפוצות" (סעיף 7(א)).

15 יצחק אנגלרד "יחסי דת ומדינה בישראל - הרקע ההיסטורי-הרעיוני" **עיוני משפט** יט(3) 741 (1995), עמ' 751-750.

1992 ותוקנו ב-1994.[16] בחוקים אלו נאמר במפורש שמטרתם לעגן את ערכיה של מדינת ישראל כמדינה יהודית ודמוקרטית. בשנת 2002 תוקנה גם ההגדרה בחוק יסוד: הכנסת בהתאם לנוסח זה.[17]

על אף "יהדותה" של המדינה, מיסוד שירותי הדת בה לא היה מובן מאליו, בשל ה"סתירה בין הפירוש ההלכתי-דתי של התווית 'יהודית' והפירוש המערבי-ליברלי המקובל של התווית 'דמוקרטית'".[18] בהיעדר הסמכה אחרת, ההגדרה הא-פריורית של ישראל כמדינה יהודית, היא שהעניקה לגיטימיות למיסוד הדת כחלק מפרשנות כוללת ליהדותה של המדינה. אי לזאת, תקצוב שירותי דת היה המשך ישיר לדפוס הפעולה שהושרש בטרם הקמת המדינה, בו הייתה סמכות לגופים דתיים לגבות אגרות מאנשי הקהילה היהודית-עברית לטובת אספקת שירותי דת שונים.[19] וכלשון הנשיא ברק: "חוק שירותי הדת היהודיים לא נחקק בחלל ריק... "סביבתו" הינה המציאות החברתית- משפטית אשר שררה בארץ-ישראל המנדטורית והשוררת בישראל מאז הקמת המדינה."[20]

"כנסת ישראל" - אספקת שירותי דת לפני קום המדינה

בתקופת המנדט הוסדר הארגון הדתי של הקהילה היהודית מתוקף תקנות כנסת ישראל (1928),[21] שהותקנו מכוח פקודת העדות הדתיות (ארגונן) משנת 1926. התקנות הקנו לגופים שהוקמו מכוחן – ובהן גופים אזרחיים, דוגמת הוועד הלאומי, וגופים דתיים, ובראשם מועצת הרבנות הראשית ו"ועד הקהילה" – סמכויות שלטוניות, ובהן הסמכות להטיל אגרות, כלפי היהודים שבחרו להירשם כחברי כנסת ישראל. עם קום המדינה חדלה "כנסת ישראל" כמשמעותה בעת שלטון המנדט, להתקיים, ונפסק כי

---

16 כיום מעוגנת הכרה זו בסעיף 1א לחוק-יסוד: כבוד האדם וחירותו, וכן בסעיף 2 לחוק-יסוד: חופש העיסוק, לפיהם זכויות היסוד של האדם בישראל "יכובדו ברוח העקרונות שבהכרזה על הקמת מדינת ישראל". חוק היסוד מעגן את "ערכיה של מדינת ישראל כמדינה יהודית ודמוקרטית" (סעיף 1א לח"י כבה"א) וקובע כי בכוחה של הכנסת להגביל זכויות יסוד מכוח חקיקה ההולמת את "ערכיה של מדינת ישראל" (סעיף 8), כלומר את ערכיה כמדינה יהודית ודמוקרטית.

17 סעיף 7א(1) לחוק יסוד: הכנסת קובע כי סיעה שבמעשיה אחת ממטרותיה היא "שלילת קיומה של מדינת ישראל כמדינה יהודית ודמוקרטית" לא תשתתף בכנסת. בכך, עולה מפורשות כי ישראל היא מדינה יהודית ודמוקרטית.

18 מחלוקות בנושאי דת ומדינה קדמו להקמת המדינה, והיו שהתנגדו לכל קשר בין המדינה לדת. ראה: בנימין נויברגר "דת ודמוקרטיה בישראל" **מכון פלורסהיימר למחקרי מדיניות** (1997), עמ' 35.

19 ראה בהרחבה לעניין מערך אספקת שירותי הדת טרום קום המדינה ולאחריה – אליעזר דון-יחיא **מוסדות דתיים במערכת הפוליטית: המועצות הדתיות בישראל** (המרכז הירושלמי לענייני ציבור ומדינה, ירושלים, 1988), עמ' 4

20 בג"צ 1765/93 **עמיצור חיימובסקי נ' המשרד לענייני דתות** מט (3) 705 (07.09.1995), עמ' 708.

21 ממשלת המנדט הכירה בישוב היהודי בא"י והגדירה את סמכויותיו ואת מעמדו ב-1928 בתקנות המכונות 'תקנות כנסת ישראל'. "כנסת ישראל" - היה השם הרשמי של היישוב היהודי המאורגן בארץ ישראל בתקופת המנדט. תקנות כנסת ישראל אושרו על-ידי הנציב העליון פלומר ב-30 בדצמבר 1927 ופורסמו בעיתון הרשמי ב- 1 בינואר 1928.

לתקנות אלה שוב אין עוד תוקף.[22] בכך ניתן ביטוי לתפיסה לפיה המדינה היהודית באה במקום החברות הוולונטרית ב"עדה היהודית" בתקופה שלפני קום המדינה.

אספקת שירותי דת לאחר קום המדינה

לאחר קום המדינה הוקמו מכוח החוק גופים בעלי סמכויות שלטוניות, העוסקים באספקת שירותי דת ליהודים בישראל, בניהול ופיקוח משרד הדתות.[23] הסדרים בענייני דת עוגנו תחילה בחוק תקציבי השירותים הדתיים (הוראת שעה), תש"ט-1949, ובהמשך במסגרת חקיקת חוקי שעה נוספים, עד להסדרתו וחקיקתו של חוק שירותי הדת היהודיים [נוסח משולב], תשל"א-1971 (להלן: **"חוק שירותי הדת"**).[24] חוק זה מהווה את המסגרת הנורמטיבית לאספקת שירותי דת ליהודים בישראל. הגוף שהוסמך לספק שירותים דתיים ליהודים הוא המועצה הדתית,[25] הפועלת לצד מועצת הרבנות הראשית והרבנים הראשיים המהווים מוסד הלכתי ממלכתי.

ב-2003 החליטה הממשלה לפרק את משרד הדתות ואת המועצות הדתיות ולהעביר את הסמכות לספק שירותי דת לרשויות המקומיות. בעקבות פירוק משרד הדתות הועברו הסמכויות הנתונות לפי חוק לשר הפנים לשרים אחרים.[26] בראשית 2008 אישרה הכנסת את החלטת הממשלה להקים מחדש את משרד הדתות תחת השם "המשרד לשירותי דת", בהיקף סמכויות מצומצם יותר (ראה בהרחבה להלן בעמ' 52). מכל מקום, המעורבות השלטונית באספקת שירותי דת ו"מיסוד" הדת – נותרו בעינם ואולי אף התעצמו.

סל שירותי הדת

חוק שירותי הדת, חרף שמו, אינו קובע מהו סל השירותים הדתיים שעל המדינה לספק לאזרחיה. כל אשר אומר החוק הוא כי "מועצה מוסמכת לטפל בסיפוק שירותי דת" [סעיף 7(א)]. היקף השירותים אותו מעניקה המדינה נלמד מתקציב המועצות הדתיות,

22 השופט לנדוי קבע בפסק דינו כי " עם הקמת המדינה חדלו המוסדות של כנסת ישראל (אסיפת הנבחרים והוועד הלאומי והנהלתו) לפעול, ובט"ו בשבט תש"ט החליטה אסיפת הנבחרים רשמית על חיסול המוסדות הללו – ראה: ע"פ 427/64 **יאיר נ' מדינת ישראל** פ"ד יט(3) 402 (05.11.1965), עמ' 410.

23 בראש משרד הדתות עמד הרב יהודה לייב פישמן מימון, "שר הדתות ולנפגעי מלחמה" כתוארו אז. בשנתון הממשלה הראשון נכתב, כי "שתיים הן משימותיו של משרד הדתות: א. ליתן לאדם מישראל את ההרגשה והביטחון שהוא חופשי לחיות חייו ברוח התורה והמסורה, ומוסדות השלטון מספקים לו את השירותים הציבוריים הדתיים. ב. לפתח את היחסים בין ממשלת ישראל לבין עדות המיעוטים, לשקוד על צרכיהן הדתיים ולטפח יחסים עם גורמי חוץ".

24 **דון-יחיא**, מוסדות דתיים במערכת הפוליטית, לעיל ה"ש 19, עמ' 8-7, 13, 27.

25 סעיף 7(א) לחוק שירותי הדת קובע: "מועצה מוסמכת לטפל בסיפוק שירותי דת".

26 ילקוט פרסומים, תשס"ד 1643-1642; חוק הרבנות הראשית לישראל (תיקון), תשס"ד-2004

מחוזרי מנכ"ל, מטופס "אומדן תקציב המועצה הדתית" המתפרסם מעת לעת[27] המנחה את המועצות הדתיות כיצד לנהוג בנושאים שונים, וכן מתקנות שונות שעל פיהן קובעת מועצה דתית את תקציבה.[28]

היעדר הגדרה חוקית מפורשת לסל השירותים הדתיים להם זקוקים אזרחים, יוצר מצב של היעדר תעדוף ברור בין השירותים היותר נדרשים לבין אלה שפחות, וכן העדר אחידות ברורה לגבי השירותים הדתיים שכל מועצה דתית חייבת לספק. אפשר ומצב דברים זה נולד בכוונת מכוון, אך במבט ראשוני ולא מחייב, היעדר סל שירותים מוגדר אינו מצב רצוי.[29] בדו"ח "הוועדה הציבורית לבדיקת המועצות הדתיות ותפקודן" (להלן: **ועדת צדוק**), שעליה יפורט בהרחבה בהמשך, סווג סל השירותים הדתיים אותם מקבלים אזרחים בישראל ל-3 קטגוריות:[30]

א. **שירותי חובה:** סל שירותים זה כולל את השירותים שעל המדינה לספק על חשבון כספי הציבור לכלל תושביה היהודים. בקטגוריה זו נכללים השירותים הבאים: רבנות ונישואין, כשרות ושחיטה, טהרת המשפחה (מקוואות), שירותי קבורה ועירובין.

ב. **שירותים מקובלים:** שירותים דתיים שמקובל להעניקם ולתקצבם כשירותי רשות ולא שירותי חובה. המדינה מסייעת במתן שירותים אלו על-פי עקרונות וקווי פעולה מקובלים בשירותים אחרים (כגון: תרבות, עבודה קהילתית). בקטגוריה זו ניתן לכלול את השירותים הבאים: הקמת בתי כנסת ותמיכה בהם ופעילות תרבות תורנית.

ג. **שירותים נוספים:** שירותים שהציבור המקומי בכל מועצה דתית מעונין בהם. לדוגמה: בית דין לממונות שמקיימת המועצה הדתית בירושלים. על פי המלצות

27 בהחלטה 749 בחוזר מנכ"ל משרד הדתות סג/1 (דצמבר 2002) הוחלט להקים "ועדת סל שירותים לתקצוב מועצות דתיות" שתפקידה היה להכריע מהם השירותים שיוענקו לאזרחים במסגרת אספקת הדת.

28 ביטוי מה לתפקידי המועצות הדתיות ניתן למצוא בתקנות התקצוב שלהן, הכוללות נספח המתאר את סעיפי התקציב בכל מועצה דתית וממנו ניתן לגזור מהם תפקידיה. ראה: תקנות תקציבי שירותי הדת היהודיים, תשמ"ה 1985, סעיף 1(ב); תקנות שירותי הדת היהודיים (תקציב מועצות דתיות), תשמ"ה-1985; תקנות המועצות הדתיות היהודיות (ניהול), התש"ל-1970; ותקנות בחירות רבני עיר, התשל"ה-1974.

29 ביטוי לקושי המתעורר בהעדר סל שירותים מוגדר ניתן למצוא בעמדתו של ח"כ דוד מגן (הליכוד) שהציע להרחיב את שירותי הדת ולכלול בהם גם שירותי **ברית-מילה**. ראה: פרוטוקול הישיבה ה-135 של הכנסת ה-11 (11.11.1985) "הצעה לסדר-היום מינוי מועצות דתיות"

30 הוועדה הציבורית לבדיקת המועצות הדתיות ותפקודן (ועדת צדוק) **דין וחשבון** (יולי 1993), עמ' 7. בשל חשיבותו, הובא הדו"ח במלואו כנספח לחיבור זה.

ועדת צדוק, שירותים אלו יסופקו רק אם הם מקיימים את עצמם מבחינה תקציבית מאגרות שהציבור ישלם בעדם או מתרומות ומענקים (עזבונות) שיועדו למטרות אלו.

המועצות הדתיות

סעיף 1 לחוק שירותי הדת קובע כי השר רשאי להקים מועצה דתית בכל רשות מקומית שאין בה מועצה, והוא גם הקובע את מספר חבריה, ובלבד שלא יעלה על מספרי חברי מועצת הרשות המקומית. סעיף 6ב לחוק קובע כי המועצות הדתיות תפעלנה על פי פסיקת הרבנות המקומית והרבנות הראשית לישראל, בכל ענין שבתחום תפקידיה וסמכויותיה של המועצה הדתית. על-פי סעיף 6(א) לחוק, השר יחדש את הרכבה של כל מועצה דתית עד שנה מיום הבחירות ברשות המקומית, והוא גם המוסמך לפזרה.[31] מקום בו נתגלעו חילוקי דעות על הרכב המועצה ולא מונתה מועצה למעלה משנה מיום הבחירות, מקנה החוק לשר את הסמכות למנות אנשים מטעמו. מכוח תקנה זאת, הוביל בשנת 2009 שר הדתות דאז פעילות שנויה במחלוקת המעמיקה את הפוליטיזציה של המועצות הדתיות בישראל, כשמינה חברי וראשי מועצות דתיות מטעם מפלגת ש"ס ביישובים בהם התגלעו מחלוקות באשר לזהות חברי המועצה.[32] במשך השנים לא הונהגו כללים לגבי הכישורים של חברי המועצה הדתית, לרבות יו"ר המועצה בפועל, אולם ב-2011, במענה לעתירה שהוגשה בעניין, הוסכם שמשרד הדתות יקבע לעתיד כללים לגבי הכישורים המנהליים הנדרשים מיו"ר המועצה הדתית.[33]

ריכוז הסמכויות שניתן בידי השר, והעובדה שהמועצות הדתיות מצויות לרוב בשולי ההתעניינות הציבורית, מקלה על חופש הפעולה של השר ומפלגתו לקידום אינטרסים פוליטיים. מעמדו הבלתי מוסדר של מוסד זה, אי הגדרת סמכויותיו, האופציה הנוחה יחסית הניתנת לגורמים שונים להתערב בענייניו, אי עריכת בחירות וקביעת החברות במועצה על ידי שיטת מינויים מסובכת – העמיקה את הפוליטיזציה של המוסד הזה, והעצימה את הביקורת כלפיו. ההשלכות לכך כרוכות בדחיקת רגליהם של אנשים בלתי

---

31 הסמכות לפזרה היא סמכות המוקנית לשר לשירותי דת מקום שהמועצה אינה ממלאת את תפקידה, ולאחר שהזהירה – סעיף 10ב(א) לחוק שירותי הדת.

32 ראה: יאיר אטינגר, נועה קושרק ויניר יגנה, "שר הדתות מנצל תקנה חדשה כדי למנות עשרות פעילים של ש"ס למועצות הדתיות" **הארץ** (29.11.2009).

33 השופט רובינשטיין קבע כתב כך: "משמעותה של "הדמוקרטיה העקיפה" עלולה להיות, בהיעדר דרישת כישורים כל עיקר, "דילוקרטיה ישירה", קרי, יד חופשית לחלוטין למה שקרוי בעגה "דיל", המתעלם מן הצורך בכישורים לניהול גוף מינהלי משמעותי וגדול, אשר מגלגל מיליונים של כספי ציבור" – בג"צ 7068/10 **חמי דורון נ' שר הדתות** (29.05.2011), פסקה ז' לפסק דינו של השופט רובינשטיין.

מפלגתיים מפעילות בשטח זה, או שאינם נמנים עם המפלגות והסיעות "הנכונות", למרות שביכולתם לתרום לקידומו. במקומם מתמנים לחברות במועצה הדתית אנשים שהם חסרי הכשרה לכך, אולם המפלגה והסיעה או קבוצת הלחץ חפצה ביקרם.

בינואר 1986 נבחרה לראשונה אישה לחברות במועצה הדתית ירוחם (לאה שקדיאל), אך שר הדתות זבולון המר ביטל את בחירתה בתואנה שנשים אינן יכולות לכהן בתפקיד זה. בשנת 1987 הגישה שקדיאל עתירה לבג"צ, שפסק פה אחד כי אין מניעה למנותה נשים לתפקיד.[34] השופט אלון פסק כי "השירותים, המסופקים על-ידי המועצה הדתית, בעלי אופי דתי הם, אך המועצה מופקדת על סיפוקם ונתינתם בלבד ולא על איזו שהיא הכרעה הלכתית דתית בקשר אליהם", וכן "**מועצה דתית אין היא גוף הילכתי בעל סמכות הכרעה בהלכה**".[35] גם בבג"צ **מרץ ירושלים** שב השופט (בתוארו אז) חשין וחידד קביעה זו, והוסיף, כי כספקית שירותים אזרחית מוטלת על המועצה הדתית החובה להתחשב במאפיינים המקומיים ברשויות:[36]

> "מועצה דתית הינה אפוא גוף אזרחי, ולא גוף הילכתי. שירותי דת שמועצה דתית מוסמכת לספקם לנדרשים ולנזקקים לשירותים אלה, מהווים – להלכה ולמעשה – חלק מן השירותים המוניציפליים שרשות מקומית מקנה לתושביה. הגם שהדת – בתורת שכזו – אינה יודעת גבולות לא של מקום ולא של זמן, **הנה שירותי הדת הינם בעלי אופי מקומי ואמורים הם להתאים עצמם לצורכיהם הספציפיים של התושבים ברשות מקומית פלונית או אלמונית.**"

עתירות רבות לבג"ץ עסקו בשאלת הייצוג שניתן לגופים "המעוניינים בקיומם של שירותי הדת היהודיים" במועצות הדתיות. ב-1986 קבע בג"ץ קבע את עקרון הייצוג היחסי, שלפיו שיעור נציגיה של כל מפלגה במועצה הדתית ישקף ככל האפשר את שיעור נציגיה במועצת הרשות המקומית. "הדרך הטובה ביותר והקרובה ביותר לבחינת רצון התושבים באשר לייצוגם במועצה הדתית שבאותו מקום היא לפי הצבעתם בבחירות

34 השופט אלון מתייחס בהרחבה לפסק הדין בספרו **"מעמד האישה - משפט ושיפוט, מסורת ותמורה"** (הקיבוץ המאוחד, 2005).

35 דברי המשנה לנשיא השופט אלון בפרשת שקדיאל: "השירותים, המסופקים על-ידי המועצה הדתית, בעלי אופי דתי הם, אך המועצה מופקדת על סיפוקם ונתינתם בלבד ולא על איזו שהיא הכרעה הלכתית דתית בקשר אליהם" – בג"צ 153/87 **שקדיאל נ' השר לענייני דתות ואח'**, פ"ד מב(2) 221 (19.05.1988), עמ' 238.

36 דברי השופט חשין בבג"צ 4247/97 **סיעת מרצ במועצת עיריית ירושלים נ' השר לענייני דתות**, נב(5) 241 (03.12.1998), עמ' 250-251.

למועצה המקומית שבאותה רשות מקומית";[37] על המועצה הדתית להוות "דמות אספקלריה של מועצה מקומית, נציגות מתאימה של הגופים והעדות העיקריים המעוניינים בקיומם של השירותים הדתיים במקום".[38] יחד עם זאת, ייצוג מתאים אינו בהכרח נציגות יחסית מדוקדקת – "לא כל גוף ולא כל עדה זכאים לייצוג... יש לבחור מועמדים כאלה שיתנו לגדולים ולחשובים שבהם נציגות מתאימה, כך שכולם ביחד יוכלו בצדק להיראות כגוף הייצוגי ביותר של האינטרסים הדתיים במקום".[39] כך גם פסק השופט יצחק זמיר בעניין **גינדי**:[40]

> "הרכב המועצה הדתית אינו חייב להיות זהה להרכב הרשות המקומית. אילוצים שונים יכולים להצדיק סטייה בהרכב המועצה הדתית לעומת ההרכב של הרשות המקומית. יש להימנע מסטייה גסה: אסור לשבש באופן בולט את יחסי הכוחות שבין המפלגות, כפי שבאו לידי ביטוי בבחירות לרשות המקומית. בהתאם לכך, בית המשפט לא יתערב בהרכב המועצה הדתית במקרה של סטייה קלה, אך הוא עשוי להתערב אם התגלה עיוות יסודי בשיקולי הרשויות או בייצוגיות ההרכב".

ובעניין **מרצ ירושלים** נאמר:[41]

> "אופי פעילותה של המועצה הדתית ייקבע על-פי אופייה של הקהילה המקומית, ומכאן נדע אף מדוע אמור הרכב המועצה הדתית לשקף את התפלגותה, את מִבְנֶהָ ואת צרכיה של האוכלוסיה במקום. מאופייה זה של מועצה דתית – גוף מינהלי-מוניציפלי להספקת שירותי דת – תיגזר "התאמתו" של פלוני לשמש חבר במועצה, קרא: אדם היודע, בין השאר, לעמוד נכונה

37 בג"ץ 121/86 **סיעת ש"ס, התאחדות הספרדים שומרי התורה ואח' נגד השר לענייני דתות** פ"ד מ(3) 462, עמ' 466.

38 דברי השופטת ט' שטרסברג-כהן בבג"צ 6378/00 **סיעת הליכוד במועצת עיריית חולון נ' ועדת השרים** (23.04.2001), עמ' 2.

39 בג"צ 191/64 **שמעון אלבז נ' שר הדתות** פ"ד יח(4) 603 (20.12.1964), עמ' 610.

40 בג"צ 5483/95 **חיים גינדי נ' שר הדתות** פ"ד מט(5) 661 (06.02.1996), עמ' 662-663.

41 השוו לעניין זה את קביעת בית המשפט בעניין **ש"ס נ' ראש העין** לפיה המועצה הדתית צריכה לשקף את תושבי הרשות המקומית. נקבע כי הביטוי ההולם לכך ביותר הוא הבחירות המקומיות, ולכן המועצה הדתית מוקמת ע"פ המפתח המפלגתי המקומי – בג"צ 121/86 **סיעת ש"ס נגד המועצה המקומית ראש העין ואח'** פ"ד מ(3) 462 (10.08.1986). מאידך, ראו פסיקה מוקדמת לעניין זה לפיה יתכן והרכב המועצה הדתית לא יחפוף את הרכב המועצה המקומית, ולא ישקף לגמרי את הרכב המועצה המקומית – בג"צ 197/72 **הסתדרות פועלי אגו"י קרית שמונה נגד שר הדתות** פ"ד כז(1) 66 (28.11.1972).

> על צורכי הדת של הקהילה אותה הוא מייצג ושל האוכלוסיה המקומית בכללה. **הדרישות לשירותי דת יהודיים, הגם שיש לכולן מכנה משותף אחד, משתנות הן בהדגשיהן מקהילה לקהילה, על-פי אורחות-חייה וצרכיה של כל קהילה וקהילה;** הדרישות לצורכי הדת יכולות שתהיינה הטרוגניות ותלויות בהשקפת-עולם, ואולם על המועצה הדתית לספק את צורכי הדת." (ההדגשות נוספו)

לא בשולי הדברים יוער, כי הוראות בית המשפט האמורות בדבר מינוי חברי המועצה הדתית – אינן חפות מקשיים; הן הופכות את המועצות הדתיות, לעיתים על כרחן, כבבואה פוליטית של הרשות המקומית, חרף העובדה שאספקת דת לכאורה אינה אמורה להיות "צבועה" בצבעים פוליטיים, והשתייכותם הקהילתית של ספקיה אינה אמורה לשמש פאקטור באספקת השירותים, כי אם כישוריהם ויושרם בלבד.

תקציב שירותי הדת

תקציב המדינה מהווה את "אבן הראשה" של כל קואליציה.[42] הוא ה"תנ"ך של החברה הישראלית".[43] התקציב משקף את עמדותיה הערכיות של הממשלה ואת סדרי עדיפויותיה החל מן הביטחון, עבור בחינוך וכלה בסוגיות דת ומדינה. אך באחרונה הוחלט לפזר את הכנסת ה-18, בין היתר משום ש"לא ניתן להעביר תקציב אחראי".[44] ודוק: תקציבי שירותי הדת – על אחת כמה וכמה – מבטאים את השקפת העולם של חברי הממשלה. לא בכדי, היה נושא זה מושאם של קמפיינים פוליטיים, דוגמת הקמפיין של מפלגת "שינוי" בשנת 2003. כדי לקבל תמונה מספרית, יובאו להלן סדרת סעיפים מתוך ספר התקציב.

נכון לשנת 2012, קיימות במדינת ישראל 133 מועצות דתיות – לצד 32 "מחלקות דת" ברשות המקומית, וכן רבנים ובלניות המכונים "משרתים בקודש" – האמונים על אספקת

42 כך כונה התקציב בנייר עמדה בדבר יחסי כנסת-ממשלה בתחום התקציב. ראה: "יחסי גומלין כנסת-ממשלה: הצעות והמלצות" (מוגש לראש הממשלה וליושבת ראש הכנסת על ידי מזכיר הממשלה ומזכיר הכנסת, פברואר 2009), עמ' 26.

43 בנאומה של ח"כ שלי יחימוביץ בטרם אישור תקציב 2010 היא אמרה: "אין ספר יותר אמיתי מספר התקציב מלהעיד מה באמת כוונות השלטון מעבר למילים, מעבר למסיבות העיתונאים, מעבר לסלוגנים היפים. שם מונחת האמת והאמת היא במספרים במקרה הזה." הדברים פורסמו באתר האינטרנט של ח"כ יחימוביץ: http://www.shelly.org.il/node/2403

44 בנאומו של רה"מ בנימין נתניהו שהתקיימה בלשכתו, אמר רה"מ כי "לצערי בשנת בחירות קשה למפלגות לשים את האינטרס הלאומי מעל האינטרס המפלגתי. התוצאה של דבר זה עלולה להיות פריצה תקציבית והגדלה מאסיבית של הגירעון, מה שידרדר אותנו מהר מאוד למצב של הכלכלות הקורסות באירופה".

השירותים הדתיים המקובלים בתחום הרשות המקומית שבה היא פועלת.[45] במועצות הדתיות מועסקים באופן ישיר כ-3,000 עובדים על פי הערכת משרד הדתות, או כ-2,600 על פי נתוני הממונה על השכר באוצר.[46] עובדי המועצות הדתיות משתכרים בממוצע כ-6,500 שקלים.[47] לצד המועצה הדתית פועלת הרבנות המקומית, כאשר הרב המקומי הוא הסמכות ההלכתית בתחום שירותי הדת, והמועצה הדתית היא הסמכות הביצועית בתחום זה. בישראל כ-100 רבני ערים, ומשכורתם הממוצעת היא כ-34,000 שקל לחודש (ברוטו). תקציב המשרד לשירותי דת לשנת 2012 הינו כ-394 מיליון שקל, שהם 19% מתקציב משרד ראש הממשלה.[48] משרד הפנים משתתף אף הוא בתפעול שירותי דת ברשויות המקומיות בסך של כ-52 מיליון שקל שהם 15% מתקציבו. כ-80% מתקציב המשרד לשירותי דת מופנה למשכורות ופנסיה, כך שנותר רק סכום קטן לפעילות שוטפת ולשירות לציבור; על אף שוועדות שונות המליצו על שינוי מבני במועצות הדתיות וצמצום מצבת כוח האדם, שיעור התקציב המופנה למשכורות היום זהה לזה שהיה בשנת 1997.[49]

להלן תרשים עלות מערך שירותי הדת לשנת 2012 (תקציב המועצות הדתיות כולל את הסכום המתקבל מהרשויות המקומיות לשם תפעולן):

45 מתוך: אתר האינטרנט של המשרד לשירותי דת http://www.dat.gov.il – דף הבית > שירותי המשרד > מועצות דתיות > איתור מועצה דתית > לרשימה המלאה.

46 הממונה על השכר באוצר **דין וחשבון על הוצאות השכר של הגופים הציבוריים לשנת 2010** (ירושלים, משרד האוצר, 2011).

47 קרן מרציאנו "נכנסים לכיס: שירותי דת" **mako** (14.10.2012) http://www.mako.co.il/news-channel2/Economy-Newcast/Article-9b761eb60706a31004.htm

48 באמצעות: סעיף 04-08 להוראות התקציב (פירוט נוסף של התכניות) שנת 2012. ניתן לצפות בפירוט התקציבי באמצעות "מערכת שאילתות מקוונת לתקציב המדינה וביצוע", אגף התקציבים במשרד האוצר: http://religinfoserv.gov.il/magic94scripts/mgrqispi94.dll?APPNAME=budget&PRGNAME=takzivreq

49 עומר בן-צור "המועצות הדתיות בישראל – הצעה לרפורמה" **המכון ללימודים אסטרטגיים ופוליטיים מתקדמים** (2003)

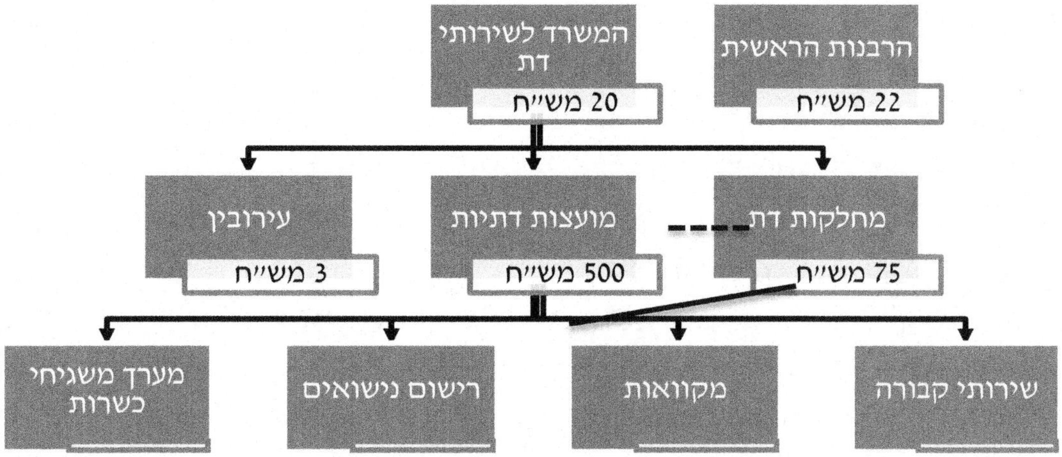

ראוי להיאמר בהקשר זה, כי מרכיב "שירותי הדת" אינו מייצג את מלוא תמיכת המדינה בדת היהודית ומוסדותיה. לצד שירותי הדת ה"מסורתיים" של המועצות הדתיות, הרבנות הראשית ובתי הדין הרבניים, משלמת הממשלה כמיליארד שקל בשנה לקצבאות ותמיכות למיניהן (לרבות הבטחת הכנסה) לתלמידים בכוללים ש"תורתם אומנותם", שכולם עוסקים בלימודים תורניים. המדינה מממנת גם שירותים דתיים נוספים שקשה לאמוד את היקפם, אך הוא מגיע למאות מיליונים בשנה: שירותי הרבנות הראשית; פיתוח מבני דת;[50] פיתוח מקומות קדושים;[51] אגפים "לתרבות תורנית" ו"תרבות יהודית" ברשויות המקומיות – האמונים על אספקת שירותים תרבותיים-תורניים בקהילה; סמיכה לרבנות; השמדת החמץ בפסח והיערכות המשק לשנות שמיטה; תקציב הרבנות הצבאית והמשטרתית; מערכת החינוך החרדי, המלמדת רובה ככולה לימודי קודש;[52] תקצוב עמותות המספקות שירותי דת שונים; "האגף לגיור" במשרד ראש הממשלה;[53] אולפנים ללימודי היהדות; ועוד.

תקצוב שירותי הדת לא מסתכם בכך. מוסדות הדת נהנים מתרומות של אזרחים וארגונים בישראל ובארצות הברית, שחלקן מוכרות כתחליף למס לפי סעיף 46 לפקודת

50 בשנת 2012 הקצה משרד הבינוי והשיכון 33 מש"ח לפיתוח מבני דת – סעיף 04-08-09 לתקציב המדינה. כמו כן, הוקצו 5.5 מש"ח לפיתוח מבני דת לא יהודיים (סעיף 06-15-03), וכן 10.5 מש"ח עבור " השתתפות במימון הקמת מוסדות ציבור ומבני דת" (סעיף 70-69-05).

51 משרד התיירות הקצה 12.9 מש"ח עבור " המרכז לפיתוח המקומות הקדושים" (סעיף 37-02-12 לתקציב)

52 "בתחומים מסוימים אף נמצא כי (מערכת החינוך החרדי) זוכה להעדפה ברורה יחסית למערכת הכללית: כך הוא הדבר בכל הנוגע לשעות תקן לתלמיד, וכך גם בתקצוב החינוך העל-יסודי, בייחוד הפנימייתי. במקרה האחרון זוכים מוסדות החינוך לתוספות תקציביות משמעותיות ביותר מהמשרד לענייני דתות, וזאת נוסף על התקציב הרגיל שמעניק להם משרד החינוך. התוספות הללו מאפשרות להאריך את יום הלימודים עד שעות הערב." – ראה: ורדה שיפר "מערכת החינוך החרדי בישראל, תקצוב, פיקוח ובקרה" **מכון פלורסהיימר למחקרי מדיניות** (1998), עמ' 38.

53 בשנת 2012, המשרד לקליטת עלייה הקצה 44 מש"ח עבור מערך הגיור (סעיף 04-01-20 לתקציב).

מס ההכנסה. כמו כן, שירותי דת רבים כרוכים בתשלום נוסף מצד הנהנים מהם, כמו התשלום לחברה קדישא, תשלום בכניסה למקוואות (נשים), שירותי כשרות, אגרות שונות לנרשמים לנישואים וכיו"ב. לא למותר לציין, כי כמנהג בלתי פורמלי, זוכים עובדי מדינה גם להכנסה "מהצד" במסגרת עבודתם הציבורית, כגון רבנים המקבלים "טיפ" (בלשון המעטה) בתמורה לעריכת חופה וקידושין.

בהקשר זה יוער, כי הצינור להעברת חלק ניכר מהתמיכות בשירותי דת, נעשה באמצעות מנגנון התמיכות הממשלתיות למוסדות ציבור.[54] על פי נתונים שמפרסם משרד האוצר,[55] ריכוז התמיכות לשנת 2012 בכלל משרדי הממשלה היה 17.8 מיליארד שקלים.[56] האגף למוסדות תורניים במשרד החינוך זכה בשנת 2011 ל-1.05 מיליארד שקל שהם 52.26% מסך התמיכות,[57] ובשנת 2012 ל-811 מיליון שקלים שהם 59.42% מסך התמיכות. לשם השוואה – שאין בה כדי לערוך השוואה בין חשיבות אספקת דת למול אספקת תרבות – משרד התרבות והספורט קיבל ב-2012 כ-302 מיליון שקלים שהם 22.14% מסך התמיכות לשנה זו. לא אחת נשמעת ביקורת, לפיה המנגנון הענף והסבוך של חלוקת התמיכות, מאפשר, באמצעות סעיפים תקציביים עלומים, להעביר תמיכה ב"דלת האחורית" לגופים שונים.

הוצאות הדת, כולל תשלומים לאברכים, הסתכמו, אפוא, אשתקד בכ-1.8 מיליארד שקל, והגיעו בשנת 2012 לכ-2.2 מיליארד שקל, שהם כ-0.7% מתקציב המדינה.[58]

המפלגות הדתיות כלשון מאזניים

קשה להתעלם מהתפיסה הרווחת בישראל לפיה ההישגים בתחום תקצוב הדת נעוצה בשיטת הממשל, המעניקה למפלגות החרדיות, כגוש השלישי בגודלו בכנסת, פוזיציה

54 משנת 1992 מוסדרת תמיכת המדינה במוסדות ציבור בהתאם להוראת סעיף 3א' לחוק יסודות התקציב, התשמ"ה-1985.

55 אגף החשכ"ל במשרד אוצר השיק את אתר התמיכות הממשלתי - www.tmichot.gov.il הסוקר את היקף התמיכות אותן מקבלים ארגונים שונים בישראל - שכופה לראשונה על כל משרדי הממשלה לפרסם בפירוט רב את התמיכות הכספיות שהם מעבירים לגופים שונים. באתר מפורטות כלל ההעברות התקציביות, המסתכמות במיליארדי שקלים בשנה.

56 מתוך אתר http://www.tmichot.gov.il/ על פי החתך: סך התמיכות בחלוקה למשרדי ממשלה לשנת 2012.

57 ריכוז תמיכות לשנת 2011 מסוג: בקשת תמיכה 3א

58 לא בכדי, נשמעת בעיתונות הכללית ובמרחב הציבורי אמירות קשות כלפי הציבור החרדי, בהקשר זה. ראה, כמשל: תומר אביטל "מדינת כל חרדיה: 53% מהתמיכות הן למוסדות תורניים" **כלכליסט** (18.11.2010) http://www.calcalist.co.il/local/articles/0,7340,L-3430610,00.html.

נוחה מול המפלגות הגדולות.[59] ואכן, הגוש החרדי הפך בהדרגה ל"לשון מאזניים", מעמד המאפשר להשיג הצלחה ניכרת במקח וממכר פוליטי. כאשר עומדת הממשלה בפני הצבעה על נושאים הרי גורל – בשים דגש על העברת תקציב המדינה – שבה ומרחפת השאלה בדבר ה"עלות" של תמיכת המפלגות החרדיות.[60] גם במערכת היחסים המוניציפאלית, נושא תקציבה של המועצה הדתית תופס מקום מכריע בהסכמים הקואליציוניים המקומיים: כמעט בכל הסכם קואליציוני נכללו סעיפים מיוחדים המבטיחים אישור אוטומטי של תקציב המועצה הדתית על-ידי העירייה או המועצה המקומית.[61]

לסיכום פרק זה; המחלוקת הניטשת כיום על רקע דת ומדינה בישראל הינה, במהותה, בלתי ניתנת לגישור במישור העקרוני – שכן היא טומנת בחובה ניגודים עמוקים למדי בתפיסת הלאום והדת – ואין הסדר תקציבי זה או אחר יכול לעמעם אותם. עם זאת, הקשר הגורדי של הדת בתוך מסגרת המדינה הינו בבחינת עובדה מוגמרת, ולכן, במקרים רבים, מחלוקות דת-ומדינה מסתיימות בפשרה שאינה מושלמת, אך כזו שיש בה כדי להפחית את המתחים הבין-דתיים, ותוך שמירה על היבטים סמליים אחדים, החשובים גם בעיני האוחזים באידיאולוגיות המנוגדות.

59 הכוונה היא לשתי המפלגות החרדיות – ש"ס ואגודת ישראל. כך, ב-בכנסת ה-18 (2009) השיגו מפלגות אלה יחדיו 16 מנדטים; בכנסת ה-17 (2006) – 18 מנדטים; בכנסת ה-16 (2003) – 16 מנדטים; בכנסת ה-15 (1999) – 22 מנדטים; בכנסת ה-14 (1996) – 14 מנדטים; בכנסת ה-13 (1992) – 10 מנדטים. בכנסת ה-12 (1988) – 11 מנדטים.

60 המפלגות החרדיות השתמשו בכוחם הפוליטי כ"לשון מאזניים" כאמצעי להשיג הישגים ניכרים במקח וממכר פוליטי. הדברים הגיעו לשיא ב-1990, כאשר התרחש "התרגיל המסריח". מנהיג ש"ס, אריה דרעי, ומנהיגי אגודת ישראל היו מאוכזבים מכך שראש הממשלה יצחק שמיר נמנע מלעמוד בהתחייבויותיו כלפיהם, ועל כן חברו לניסיון של שמעון פרס להקים ממשלת שמאל-חרדים צרה בראשותו. ראה בהרחבה: צבי צמרת "המטוטלת הישראלית בין כפיה אנטי-דתית לתובענות-יתר דתית" **אישים ומעשים בישראל: ספר היובל** (1998)

61 שבח וייס **השלטון המקומי בישראל** (תל-אביב, עם עובד, 1972), עמ' 151.

פרק ב': הרשויות המקומיות בישראל

כעת, אחר שסקרתי בקליפת האגוז את המתווה הקיים בישראל בתחום אספקת שירותי הדת, אבקש להקדיש פרק זה לרשויות המקומיות, שהן, מטבע הדברים, המושא העיקרי של הרפורמות בתחום שירותי הדת.

השלטון המקומי בישראל הוא פסיפס של 255 רשויות מקומיות, בהן נכללת כמעט כל אוכלוסיית ישראל,[62] והוא מבוסס על שלוש שיטות ארגון: עירייה, מועצה מקומית ומועצה אזורית. פנים רבות לו: מחד, יש הרואים בו סניף של **השלטון המרכזי**, אשר נותר באותו מבנה משפטי שהיה קיים עוד בקום המדינה, שהנו מבנה ריכוזי בעיקרו בו הרשויות המקומיות נחשבות כזרוע של השלטון המרכזי אשר נדרש לפקח עליהן פיקוח הדוק. מאידך, יש הטוענים כי מתקיימת בו מידה רבה של **שלטון עצמאי מקומי**, גוף שלטוני דמוקרטי הכשיר לקבוע מדיניות עירונית ולהגשימה על כל המשתמע בכך. בתווך יש הגורסים כי בישראל מתקיים מודל ביניים המתקרא בספרות "ביזור דה פקטו", מודל בו יש לרשויות המקומיות חירות פעולה ניכרת וסמכויות בלתי תלויות לקבל החלטות, לצד רגולציה פורמאלית מצד השלטון המרכזי.

החל משנות ה-90' מתחוללים שינויים מרחיקי-לכת במעמדן של הרשויות המקומיות – מבחינה משפטית, פוליטית, כלכלית, חברתית ותרבותית – והמגמה ברשויות המקומיות היא מעבר ממודל ריכוזי, בו השלטון המרכזי הוא הגורם הדומיננטי בניהול הרשות, לעבר מודל מבוזר, בו השלטון המקומי מנהל את ענייניו תוך שאיפה למקסום עצמאותו השלטונית.[63] ביטוי לתפיסה זו הובא במאמרם של בלנק ורוזן-צבי:[64]

> "השלטון המקומי אינו רק ספק שירותים מקומיים או זרוע ביצועית של השלטון המרכזי. לא פחות מכך, ואולי אף יותר, הוא אתר לדמוקרטיה מקומית-השתתפותית, ביטוי להתארגנויות קהילתיות, מתווך פעיל בין השלטון המרכזי והלאום לבין קהילות מיעוט שונות."

כל זאת, לצד תהליכים בלתי נמנעים שהתחוללו בישראל בשנים האחרונות: גידול באוכלוסייה, תהליכי עיור, בחירתם של ראשי עיריות "חזקים", התרחבות מטרופולין תל

62 כ-5% משטח ישראל אינו משויך לשום רשות מקומית, ובו מתגוררים קבוצות קטנות של תושבים. שטח כזה מכונה שטח גלילי.

63 ישי בלנק "מקומו של ה'מקומי': משפט השלטון המקומי, ביזור ואי-שוויון מרחבי" **משפטים** לד(2) 197 (2004), עמ' 197.

64 ישי בלנק ואיסי רוזן-צבי "הצעת חוק העיריות: הווה ללא עבר, רפורמה ללא עתיד" **חוקים** 1 49 (2009), עמ' 121

אביב והתעצמותו של גוש דן, מודעות גוברת לעצמאות מוניציפאלית, גידול בהיקפי התקציב ברשויות המקומיות והרחבת פעילותן, רווחה כלכלית ועוד. מגמות אלו גרמו להיחלשותו של השלטון המינהלי המרכזי ולהתרופפות התכתיבים הבירוקרטיים של משרדי הממשלה, ויצרו "ביזור דה פקטו" בו הרשויות המקומיות תלויות לחלוטין בבעלי תפקידים מטעם השלטון המרכזי ובחוקים ובתקנות של המדינה, אך תלות זו היא פורמאלית בלבד.[65] בכך נהפכו רשויות מקומיות מתפקדות לדמוקרטיות בזעיר אנפין, ובפרט רשויות החברות ב'פורום הערים העצמאיות', העושות צעדים משמעותיים כדי להעצים את השלטון המקומי בהמשך למגמת הביזור הקיימת.[66]

יצוין בהקשר זה, כי במדינות דמוקרטיות רבות יושמו רפורמות יסודיות בשלטון המקומי, אשר מבטאות את ההכרה בחשיבותו של דרג שלטוני זה. הן התמודדו עם המורכבות הכרוכה בעצם קיומם של שני דרגי ממשל במדינה אחת באמצעות הענקת "כושר כללי", מעין אוטונומיה לרשויות ליזום ולפעול בתחומי הקהילה המקומית.[67] בישראל טרם נעשתה רפורמה יסודית בתחום זה,[68] והצעות המבקשות לחולל שינוי ולחזק את מגמת הביזור, כגון הצעת חוק העיריות, תשס"ז-2007, לא הבשילו די צורכן.[69]

כפי שיובא בהמשך, רבים סבורים כי מגמת הביזור צריכה לבוא לידי ביטוי גם בעצמאות המוניציפאלית לתקצוב שירותי דת. הכרה **בַּשׁוֹנוּת** הקיימת בין אוכלוסיות שונות, והצורך להפעיל שירותי דת שונים בין רשות מקומית אחת לחברתה, מצריך בחינה מחודשת של אופן תקצוב שירותי הדת כפי שמתקיימים היום בישראל. תהליכי הדמוקרטיזציה ברשויות המקומיות, והגברת המעגלים הקהילתיים האוטונומיים (אך מתוך זהות אזרחית כוללת) דורשים שינוי בדפוסי האספקה המסורתיים של שירותי הדת ופילוח נכון יותר של דרישות הציבור.

---

65 דוד דרי "ממשל מקומי: ביזור דה-פקטו" **המדיניות הציבורית בישראל** 159 (1998), עמ' 173-160.

66 הפורום פועל לקידום מטרות הערים הגדולות מול הכנסת, הממשלה וגופים ציבוריים ולאומיים נוספים, כמו: המועצה הארצית לתכנון ובניה, בג"ץ, מינהל מקרקעי ישראל ועוד. מטרתו המרכזית של הפורום הינה קידום יוזמות תחיקתיות ומשפטיות להעצמת העיריות בישראל, ולקידום תכניות לביזור סמכויות והענקת יתר עצמאות ניהולית לערים הגדולות בישראל ולרשויות מקומיות המתפקדות ברמת ניהול גבוהה. בנוסף, הפורום עוסק בקידום מיזמים משותפים לערים הגדולות בישראל בתחומי הסביבה, המשפט, התכנון, וכן בתחומים של תשתיות מתקדמות. ב-13.2.08 חתם הפורום על האמנה הבינלאומית של ארגון ICLEI, להפחתת זיהום אוויר ולהגנת אקלים.

67 נחום בן-אליא "רשות נתונה: אופציות לעיצוב שלטון מקומי חדש" **מכון פלורסהיימר למחקרי מדיניות** (2005), עמ' 16-12.

68 דוד נחמיאס ודורון נבות "לקראת הגדרת מעמדו החוקתי של השלטון המקומי בישראל" **ההיבטים החוקתיים, המשטריים והפרוצדורליים של השלטון המקומי** המכון הישראלי לדמוקרטיה (2002), עמ' 144-143.

69 הצעת חוק העיריות, התשס"ז-2007, ה"ח הממשלה 292.

מקומם של שירותי הדת ברשות המקומית

אספקת הדת ליהודים ברשויות המקומיות נעשית באמצעות המועצות הדתיות, הפועלות מכוח חוק שירותי הדת ובכפוף לפסיקת הרבנות המקומית והראשית לישראל.[70] חלוקת התפקידים בין המועצה הדתית לבין הרבנות המקומית מושתתת על נהלים לתאום והגדרת תפקידים בין הרבנות למועצה דתית שגובשו בשנת 1985.[71]

שיעור ההשתתפות במימון המועצה הדתית של הרשות המקומית עומד באופן רגיל על 60% ואילו שיעור ההשתתפות של הממשלה על 40%.[72] כמו כן, למועצות הדתיות יש הכנסות עצמיות בשיעור משתנה מגביית אגרות ומשירותים בתשלום. במסגרת תיקון 13 לחוק שירותי הדת משנת 2008, הוסמכו השרים, בכל שנת תקציב, לשנות את שיעורי ההשתתפות של הרשויות המקומיות השונות בתקציבי המועצות הדתיות, על פי אמות מידה שוויוניות שייקבעו באישור ועדת הכספים של הכנסת. תיקון זה מאפשר שיעורי השתתפות דיפרנציאליים על הרשויות המקומיות השונות בהתאם לפרמטרים שונים,[73] אך בכל מקרה נקבע כי יחס החלוקה לא יפחת מסכום השווה ל-25% ולא יעלה על סכום השווה ל-75% מסכום ההשתתפות הרגיל הכולל.[74] על תיקון זה, לצד חוסר היכולת של הרשות המקומית לפקח על תקציבי המועצה המקומית, עתר פורום הערים העצמאיות (פורום ה-15) לבג"צ.[75]

---

70 ס' 6א לחוק שירותי הדת – "המועצה הדתית וחבריה יפעלו לפי פסיקת הרבנות המקומית והרבנות הראשית לישראל, בכל ענין שבתחום תפקידיה וסמכויותיה של המועצה הדתית".

71 המדובר בנהלים פנימיים להסדרת מערכת היחסים בין המועצה הדתית למועצה המקומית, אשר אושרו על ידי מועצת הרה"ר. ראה: משרד הדתות **חוזר מנכ"ל משרד הדתות** 5 (1987).

72 סעיף 11א(ג) לחוק שירותי הדת.

73 אמות המידה לשנת 2012 מתפרסמות באתר הכנסת, "הודעה לעיתונות מיום 28.03.12 ועדת הכספים אישרה את אמות המידה לתקצוב המועצות הדתיות ל-2012". הנוסחה מתחשבת ע"פ ארבעת הפרמטרים הבאים: מספר התושבים ברשות המקומית; שיעורו של סכום ההשתתפות בתקציב המועצה הדתית מתוך התקציב הכולל של הרשות המקומית; זכאותה של הרשות המקומית למענק איזון; ודירוגה של הרשות המקומית באחד משלושת האשכולות העליונים בדירוג החברתי- כלכלי. בהתאם למתווה זה, נקבעו סכומי ההשתתפות של הרשויות המקומיות בתקציבי המועצות הדתיות בשנים מאז תיקון החוק.
ראה: http://portal.knesset.gov.il/Com2ksafim/he-IL/Messages/29+3+2012a.htm

74 ראה: סעיף 11ב(א)(3) לחוק שירותי הדת. יצוין בהקשר זה כי נעשה ניסיון לייתר את הצורך אפילו באישור ועדת הכספים של הכנסת לכללי המימון הללו. בהצעת תיקון מ-2011, הוצע כי שר הדתות, שר הפנים, ושר האוצר, יוכלו להחליט ביניהם ולשנות את המימון הקבוע בחוק התקציב. בסוף דברי ההסבר מופיע המשפט הבא: "הצורך להביא את הדבר לאישורה של ועדת הכספים של הכנסת, גורם לסירבול אשר עלול לפגוע במועצות הדתיות. בדרך זו, בלא להידרש לאישור ועדת הכספים, תוכל להתקבל החלטה על שינוי סכום ההשתתפות בצורה קלה ומהירה יותר...". ראה: הצעת חוק שירותי הדת היהודיים [נוסח משולב] תיקון מס' 17, התשע"א-2011, ה"ח הממשלה 579 (28.03.2011).

75 בג"צ 998/10 **פורום ה-15 נגד השר לשירותי דת** (01.11.2010)

המועצות הדתיות מתנהלות כמוסד סגור. הרצון להבטיח למועצות הדתיות אוטונומיה רבה ככל האפשר – כשהן נתונות לפיקוח ולהשפעה רק של החוגים הדתיים – יצר חציצה מכוונת בינן לבין הרשות המקומית, כדי שיתאפשר להן "לשמור על עצמאות וטהרה רוחנית".[76] הדואליות הזאת, הכפילות הלכאורית שקיימת בין שני הגופים – המועצה הדתית והרשות המקומית – עורר את השאלה האם יש צורך בשתי "מועצות" שונות ברשות מקומית אחת, כשלכל אחת נדרש מנגנון לוגיסטי שלם – מבנה המשמש לצרכיה ומערך מנהלה עצמאי הכולל חברים, הנהלה בשכר (משכורתו של כל ראש מועצה דתית צמודה בחלק מהרשויות לזו של ראש העיר),[77] מזכירות ועובדים מקצועיים. לשון אחר: האם הרשות המקומית, המסדירה דבר יום ביומו עניינים הרי-גורל בתחום התשתיות, התברואה, החינוך, התרבות ועוד כהנה וכהנה – לא מסוגלת לספק **גם** שירותי דת באופן עצמאי?!

מחד גיסא, רשות מקומית אכן רשאית לבטא את העדפות תושביה באמצעות הענקת תמיכות, מענקים והקצאות לפעולות שהן חשובות בעיניה תושביה תוך קיפוח פעולות אחרות. תקציב הרשות הוא ביטוי לדמוקרטיה המקומית, שבמסגרתו יכולים נבחרי הציבור ברשות המקומית להגשים את רצון הקהילה המקומית. מקומם של שירותי הדת לא נפקד בהקשר זה. ככל שהציבור ברשות הומוגני יותר וחולק את אותן אמונות ועמדות, יבטא התקציב בצורה ברורה יותר ערכים אלה וישקף פחות את ערכיהן והעדפותיהן של בני קבוצות אחרות, גם אם הללו מצויים בתחומי הרשות אולם הם מיעוט זניח בה.

מאידך גיסא, קיים חשש שהרשות המקומית תקפח במכוון את שירותי הדת, מנימוקים שונים. מן הנימוק הפוליטי – יתכן ואין דרישה לכך בקואליציה המקומית או שאין ייצוג למעוניינים בכך; מן הנימוק התקציבי – שירותי הדת יידחו מפני צרכים אחרים; מן הנימוק האידיאולוגי – מועצת הרשות מקומית תתנגד עקרונית למימון דת.[78] ואף גרוע מכך: הרשות המקומית תספק שירותי דת, אך לא תעמוד בדרישות ההלכה, ויבוא הציבור לידי תקלה ומכשלה. הפרטת שירותי הדת, ביזור הסמכויות, מתן סמכות

76 הדר ליפשיץ וגדעון ספיר "שירותי הדת היהודיים בישראל – דיון נורמטיבי וניהולי לקראת רפורמה" **מחקרי משפט** כגו 117 (תשס"ז), עמ' 133.

77 תקנה 5ב לתקנות שירותי הדת היהודיים (ניהול מועצות), תשס"ז-2007.

78 ראה לעיל, ה"ש 29, דברי של ח"כ חיים מגן על דוכן הכנסת: "הגישה הרווחת אצל רוב האנשים, שאינם בקיאים בתחום המינהל המוניציפלי, גורסת כאילו אין המועצה הדתית אלא סרח עודף של הרשות המקומית וכי תחומי הפעילות שלה והיקפה הם שוליים. אך לא כך הדבר". מתוך: פרוטוקול הישיבה ה-135 של הכנסת ה-11, לעיל ה"ש 29.

גורפת לרשות המקומית לשלוט על ענייני הדת, עלולים באחרית דבר להיהפך לדיכוי ועיקור השירותים הדתיים.

על מגרעות אלה עמד בלנק:[79]

> "ביזור הוא גם היפר-אינדיבידואליזם, הפרטה, פרגמנטציה, בלקניזציה, התפרקות (של החברה, של התרבות ושל המרחב), היעדר לכידות ומכשול בפני היכולת לפעולה קולקטיבית. ביזור מיוצג באנרכיה, ניהיליזם ואגואיזם צר-אופק. ביזור הוא הדיקטטורה של הרוב, רדיפת מיעוטים, טיהור אתני."

סיבות אלה היו המניע המרכזי לשמירת עצמאותן של המועצות הדתיות ואי הפיכתן למחלקה בתוך הרשות המקומית.

ביזור שירותי הדת

אמנם, מצאנו חשיבות לא מבוטלת לשמירת האוטונומיה של שירותי הדת, אך לדרישה זו יש עלויות חברתיות, ציבוריות וכלכליות. אותה "עצמאות" של הדת נהפכה בעיני רבים כלי להסתאבות ולפוליטיזציה של הממסד הדתי. כנגד אותה דרישה לעצמאות הממסד הדתי, קיימת ביקורת על על היקף סמכויות בלתי מוגבל שניתן לקברניטי משרד הדתות: מכינון מועצות דתיות על רבניה ועסקניה, דרך בחירת חברי המועצה המשתייכים למפלגה ה"נכונה", עבוֹר בשליטה על תקציבים מרובים ללא פיקוח ועד לפגיעה בצביון התרבותי של העיר.

טענות אלה שהושמעו נגד מועצות דתיות, כמו גם אי עמידתן בסטנדרטים ניהוליים ונורמטיביים, לצד הדרישה למינהל תקין ולפיקוח הדוק על שירותי הדת, הובילו לחשיבה מחודשת באשר לאופן אספקת שירותי הדת והתאמתם למציאות המתחדשת. השינויים העיקריים שהוצעו היה העברת מרכז הכובד על האחריות לספק דת מהממשלה והמועצות הדתיות (שנתפסו כזרוע מקומית של משרד הדתות) אל הגורמים המקומיים ברשויות המקומית.

המתווה המרכזי שליווה את ההצעות לשינוי באופן אספקת הדת ינק מתפיסות הניהול הציבורי החדש שהפך את השירות שמעניקה המדינה למבוזר יותר. לתפיסות אלה

79 **בלנק**, מקומו של המקומי, לעיל ה"ש 63, עמ' 297

היו נפקויות במערכת היחסים שבין השלטון המקומי למרכזי, ונמצאה להן רלוונטיות גם בתחום אספקת שירותי הדת.[80] על התרחבותה של מגמת הביזור ומעלותיה עמד בלנק:

> **בימים אלה ביזור הוא ה"בון-טון" בישראל כמו גם במקומות רבים בעולם. הקריאה לביזור קיימת כמעט בכל תחומי הפעילות והמחקר האנושיים: בניהול, בתיאוריה פוליטית, במשפט, בפסיכולוגיה, בסוציולוגיה, בפילוסופיה ובמדעי הטבע. ביזור מובן כדבר-מה המגביר ומקדם פלורליזם (דתי, גזעי, אתני), רב-תרבותיות, קהילתיות, יעילות ויזמות... ביזור הוא דמוקרטיה מקומית, העצמה קהילתית ואנטי-מדינתי... ביזור הוא המצב הרצוי שאליו יש לשאוף אך גם המצב המצוי. הוא הציווי הנורמטיבי שלו עלינו לציית, אך גם מצב קיים, מציאות שממנה אין מנוס.**

לדרישה לביזור שירותי הדת בישראל, אפוא, שני ראשים: הראש האחד, מבקש לשים קץ להסתאבות ולפוליטיזציה במנגנונים הציבוריים לאספקת דת; זוהי קריאה ל"סור מרע". הראש השני, מבקש לעצמו יהדות מקומית בגוון אחר, מותאמת לאופיו ולהליכותיו ולצביון חייו; זוהי קריאה ל"עשה טוב".

80 נחום בן אליא "לקראת מדיניות ביזור דיפרנציאלית בשלטון המקומי" **מכון פלורסהיימר למחקרי מדיניות** (1995), עמ' 10-12

פרק ג': מדינה-דת-רשות מקומית – החוט המשולש לא במהרה ייִנתק?

אחר שבחנו את מגמת הביזור ההולכת ונרקמת ברשויות המקומיות, נידרש למהותה של אספקת שירותי הדת ברשויות המקומיות, תוך סקירת עיקרי הפסיקה שיצאה תחת קולמוס בית המשפט בהקשרים אלה. תחילה, אעמוד על מהותם וטיבם של שירותי למול שירותים ממשלתיים אחרים שהמדינה מעניקה לאזרחיה.

מיהות שירותי אספקת הדת

הנחת יסוד בתפיסה הליבראלית היא, כי הטלת חובות ומגבלות וגביית מיסים מאדם שאינו דתי לצורך תקצוב שירותי דת, אינה נקיה מקשיים. הנחה זו, נשענת על תפיסת הזכויות בעולם המערבי, לפיה המדינה תקדם זכויות הנובעות באופן ישיר מטבע האדם, תוך התנגדות עקרונית למעורבותה של המדינה בקידום תפיסות טוב כלשהן.[81] הדמוקרטיה מעצם טבעה אמורה להיות ניטרלית כלפי תכנים ערכיים. תפקידה מתמקד בכינון כללי משחק הוגנים שיאפשרו פלורליזם חברתי-תרבותי וביטוי מלא של מערכות הערכים של הקבוצות השונות המרכיבות את האוכלוסייה. ולכן, על מדינה לשמור לכאורה על ניטרליות בין תפיסות עולם שונות בבואה לספק שירותים – מכל סוג – לאזרחיה.

אספקת שירותים הוא חוליית החיבור העיקרית המפגישה את השלטון עם אזרחיו. חיבור זה מתחדש תדיר באמצעות מכלול השירותים שהרשויות מספקות, בין בתחום השירותים ה"קשים" (תשתיות, פיתוח, תברואה, סדר ציבורי) ובין בתחום השירותים ה"רכים" (חינוך, רווחה). במרבית סוגי השירותים, לרשות יש מעין "מונופול" – הרשות מכתיבה את טיב השירותים, אופיים, מגוונם, היקפם, רמתם, עלותם ואספקתם. מרביתם המוחלט של השירותים הינו ללא בחירה; אין לאזרח יכולת העדפה באשר לזהות השירותים או סוג השירותים הניתנים. האופציות שעומדות בפני האזרח לשינוי חבילת השירותים היא העתקת מקום מגוריו או פעולה למען שינוי אופי הממשק השירותי שמעניקה הרשות.

81 חלק מן הליברטריאנים, כמו רוברט נוזיק ומורי רותברד, הינם דיאונטולוגים ומחזיקים בעמדה מוסרית מבוססת זכויות טבעיות. חלק מההוגים במסורת זו דוגמת ג'ון לוק, איין ראנד ובמידה מסוימת מורי רות'בארד ראו בזכויות אלו כנובעות באופן ישיר מטבע האדם, החיים או המציאות ועומדות בפני עצמן – ובמסגרת זכויות אלה אין מקום למיסוד או תקצוב שירותי דת.

לשירותי הדת, בשונה מיתר השירותים, יש כידוע אלמנט מובחן הנובע מעצם זיקתם להלכה והתביעה להגמוניה על השירותים באמצעות אוטונומיה דתית. לאספקת שירותי הדת יש חשיבות קריטית לאופן ביצוע השירות, כיוון שהשירות אינו מהווה פונקציה של נוחות או של איכות, אלא של אורח חיים מחייב.[82]

לכאורה, שירותי הדת משתייכים לתחום השירותים ה"רכים", כיוון שהם מייצגים שירותים נורמטיביים-ערכיים. עם זאת, במסגרת שירותי הדת יש מדרג פנימי של שירותים "קשים" ושירותים "רכים"; מדרג זה נע על המתח בין השירותים ה"ההכרחיים" למימוש התכלית הדתית של האדם המאמין, לבין שירותים הבאים בגדרי "תרבות דתית", פולקלור והעשרה. יש אבחנה בין פעולות לטובת אווירת הדת או קיום הווי דתי, לבין פעולות המהוות תנאי-בלתו-אין במימוש ערכי הדת. למשל, הקמת עירוב המאפשר לאדם הדתי "לטלטל" בשבת, הן פעולות שהמדינה צריכה להידרש להן – בשל הנגזרת הישירה ליכולתו של האדם הדתי להתגורר בשטח מסוים – ולאפשר אספקה של שירותי דת בתחום זה, בכפוף לאמות מידה כלליות, סבירות והוגנות. כמו כן, הקצאת שטח להקמת מקווה הוא חלק מהותי ממרקם החיים של האדם הדתי, ולכן אינטרסים דתיים בהקשר זה ראוי שתוענק להן הגנה, על אף ה"מעורבות" לכאורה של המדינה בענייני דת. לעומת זאת, תקצוב "תרבות תורנית" מהווה, במפורש או במובלע, מעורבות של המדינה בדת, שכן יש בו מעורבות אקטיבית בבחירת ה"טוב" (תמיכה בדרך חיים ספציפית).

לאבחנה בין סוגי שירותי הדת חשיבות מרובה. כך, לדוגמא, הבסיס לפיקוח הממלכתי על הכשרות אינו ביטוי להגשמת דבר ההלכה האוסרת על מאכלות אסורים, ואינו "מתכתב" עם הלכות איסור והיתר האמורים בחלק "יורה דעה" בשולחן ערוך, כי אם יישום אכיפה במובנה הלא-דתי הנגזרת מסל העבירות הפליליות בתחום ההונאה וקבלת דבר במרמה, לצד מונחים כגון כיבוד המצפון והתרבות.[83] המניע לכך הוא הגנה על רגשות הראויים להגנה מפני פגיעה. השופט תיאודור אור היטיב לבטא את מהותו של חוק הונאה בכשרות:[84]

---

82 שירותי הדת מתייחדים בכך שהם "הכל או כלום". לא ניתן לספק אותם אם לא מבצעים אותם בשלמותם וכהלכתם. למשל, תיחום בלתי שלם של העירוב, כמוהו כאזור ללא עירוב כלל. ראה לעניין זה: שלמה חסון "יחסי דת, חברה ומדינה: תסריטים לישראל" **מכון פלורסהיימר למחקרי מדיניות** (2002), עמ' 7.

83 "תכליתו של חוק איסור הונאה בכשרות הינה למנוע הונאה בכשרות, כדי להבטיח שמזון שאינו כשר לא יוצג, לא ייחזה ולא ישווק כמזון כשר". ראה: דברי חוק איסור הונאה בכשרות, התשמ"ג-1983, ה"ח הכנסת תשס"ה מס' 86 עמ' 190.

84 השופט אור בבג"צ 465/89 **אילנה רסקין נ' המועצה הדתית ירושלים** פ"ד מד(2) 673 (27.05.1990), עמ' 682

"עניין לנו בחוק חילוני, הדן ב"דיני כשרות" של מזון בלבד, והסמכות שניתנה בו למתן הכשר לא באה להקנות לבעלי הסמכות אמצעי או מנוף להשלטת דיני ההלכה, אשר אינם שייכים לכשרות המזון... אנו בחוק חילוני עסקינן... אין הכוונה ליתן למי שבידו הסמכות לתת תעודת הכשר סמכות לכפות דרך התנהגות באותו מקום"

מדברים אלה אנו למדים, בין היתר, כי העובדה שאספקת שירותי דת מהווה אינטרס דתי במהותו, אכיפתה אינה בהכרח מהווה פגם מנקודת מבט ליברלית בהשוואה לאינטרסים מוגנים אחרים.[85]

פסיקת בית המשפט במחלוקות דת ורשות מקומית

בתי המשפט התייחסו פעמים רבות לשאלת הלגיטימיות של הוראות "בעלות משמעות דתית",[86] בהקשר של חקיקת משנה והחלטות של הרשות המבצעת ושל הרשויות המקומיות. פסקי הדין אשר פסלו הכרעות שלטוניות המבוססות על נימוקים דתיים – ובפרט של רשויות מקומיות – עשו זאת בדרך כלל על יסוד הטענה שהגוף המחליט נעדר סמכות. הקו המנחה הוא, שמתן נימוקים דתיים להחלטה מינהלית זו או אחרת, מצריכה את הכרעת המחוקק הראשי, הכנסת, ולה בלבד שמורה הסמכות לעשות כן.

סוגיית איסור ממכר בשר חזיר וההסדר במסגרת **חוק ההסמכה**[87] – הסמכת הרשויות המקומיות בישראל להגביל או לאסור בחוק עזר על מכירת בשר חזיר בתחומן – מהווה אבן בֹּחן באשר לגבולות הסמכות של הרשות המקומית לקבוע מגבלות על אזרחיה ממניעים דתיים.[88] מבלי להידרש לגופם של דברים, נביא את דברי הנשיא אולשן בפרשה **אקסל**, כדלקמן:[89]

85 הסתמכות על ההלכה במעשה החקיקה החילוני מעוררת את השאלה אם היא תקפה ואם יש לקבל אותה כהנמקה. סטטמן ספיר דנים ופוסקים כי אין פסול, אלא שבנימוקים דתיים אין די. ראה: דניאל סטטמן וגדעון ספיר "האם מדינה ליברלית רשאית לפעול מתוך הסתמכות על טיעונים דתיים?" **מחקרי משפט** 25(3) 599 (2009), עמ' 602

86 ראה למשל סוגיית פתיחה וסגירה של תחנת דלק בשבת – ע"פ 217/68 **יזראמקס בע"מ נ' מדינת ישראל** פ"ד כב(2) 343 (26.11.1968), פסקה 4 לפסק דינו של השופט זילברג.

87 חוק הרשויות המקומיות (הסמכה מיוחדת), התשי"ז-1956 (המכונה בקיצור "חוק ההסמכה").

88 בסוגיה זו, ראה מאמרה של דפנה ברק ארז "גלגולו של חזיר: מסמל לאומי לאינטרס דתי?" **משפטים** לג 3-2 403 (תשס"ג).

89 בג"צ 122/54 **אקסל נ' ראש העיר, חברי המועצה ובני העיר של אזור נתניה** פ"ד ח 1524 (09.12.1954), עמ' 1530.

"במידה שהבעיה היא ארצית ולא מקומית, גם שורת ההגיון מחייבת, שהיא תהיה נתונה לסמכותה של הכנסת ולא לסמכותה של העיריה. אפילו כאשר בעיה מעין זו יש לה משמעות מיוחדת בעיר מסוימת, היא עניין לכנסת, אשר, בהתחשב עם התנאים המיוחדים המקומיים, יכולה להקנות לעירייה מסוימת את הכוח לטפל בבעיה הזאת לפי תנאי המקום; אבל כל עוד הכנסת לא עשתה זאת, אין העיריה רשאית ליטול לעצמה את הסמכות לכפות על תושביה אותו פתרון של הבעיה הארצית כפי שהוא נראה לה... הקונפליקט בין אלה הרואים באיסור אכילת בשר חזיר דבר שבקדושה, או דבר שהוא בנפשו של הלאום, לבין אלה אשר אינם רואים את הדבר באספקלריה זו, ובעקבות הקונפליקט הזה... קיים גם הבדל דעות אחר: בין אלה הסבורים, כי יש לכפות על-ידי חוק את האיסור על הכלל ללא כל התחשבות בקונפליקט הזה, לבין אלה... הסבורים, כי במדינה דמוקרטית אין מקום לכפיה כזאת... הבעיה הזאת היא לדעתנו בעיה כללית וארצית, שאינה מיוחדת למקום מסויים, ופתרונה נתון לסמכותו הייחודית של המחוקק הארצי."

בפרשת **פריידי** משתמש השופט גויטין בטיעון דומה:[90]

" אין ספק שבעיות הדת בישראל, שענינן ונגיעתן בכלל ישראל, הן מן הבעיות הקשות ביותר במדינה... אין לאפשר לגוף, אשר לו סמכות של חקיקת-משנה בעלת אופי מקומי, להסדיר בעיות דתיות תחת המסווה של הסדרת מכירת בשר במקום מסויים. על הכנסת ולא על העיריה להסדיר עניני דת."

ובפרשה אחרת, העוסקת אף היא בשאלת פתיחת אטליז טרף, ציין השופט זילברג:[91]

"המחלוקות האידיאולוגיות השונות שבין חלקי האוכלוסיה – כגון דת, לאומיות, סוציאליזם וכדומה – זירת ההתגוששות שלהן היא בכנסת או במוסדות המרכזיים של הממשלה, ולא העירייה או המועצה המקומית היא האחראית להסדרתן או ה'אשמה' באי-הסדרתן."

90 בג"צ 72/55 **פריידי נ' עיריית תל- אביב- יפו** פ"ד י(2) 734 (30.04.1956), עמ' 751-752.
91 בג"צ 155/60 **אלעזר נ' ראש העיר בת-ים** פ"ד יד 1511 (31.07.1960), עמ' 1512.

על גבה של סוגיית החזיר נלמדו הלכות מכוננות בנושא העדר סמכותן של רשויות מקומיות להסדיר ענייני דת.[92] המחלוקת הסימבולית בנושא החזיר חרגה ממתחם השאלה הקונקרטית של היתר לממכר חזיר, לעבר סוגיות כגון "משילות" הרשות המקומית, שייכות אזורית, ביזור מול ריכוז ועוד. ביטוי לכך מצוי גם ביסוד ההכרעה (שניתנה פה אחד) בבג"צ **סולודקין**, בדבר אופן הפעלת סמכותן של רשויות מקומיות לאסור מכירת בשר חזיר בתחומן.[93] בפרשה זו פסק בית המשפט כי חוק ההסמכה נועד להבטיח כי ייערך איזון נאות בין האינטרסים "על רקע הנתונים המקומיים" בכל יישוב ואף בכל אזור בתוך כל יישוב או מועצה אזורית, ככל שאפשרית הפרדה טריטוריאלית שכזו.[94] ביסודה של תפיסה זו שני שיקולים עיקריים: האחד, הערכה כי עוצמת ההגנה הראויה על רגשות התושבים תלויה במידת הקרבה שבין מקום המגורים של הפרטים הנפגעים לבין מקום מכירת בשר החזיר, וכן בשיעורם היחסי באוכלוסייה; השני, ההכרח להבטיח קיומה של אפשרות לרכוש בשר חזיר במקום סמוך ונגיש.[95] כך בלשון בית המשפט:[96]

> "על הרשות המקומית לבחון את צביונה של היחידה הטריטוריאלית. עליה לבדוק את מידת ההסכמה החברתית באותה יחידה, ואת מידת הנכונות לסובלנות הדדית בגדרי אותה יחידה. יש לבחון את החלופות השונות, בעיקר יש לבחון את הזמינות בקרבת מקום של חנויות בהן ניתן לרכוש בשר חזיר ומוצריו... [רק] אם בחינה זו מעלה שהחלופות הן מעשיות, ניתן לאסור מכירת בשר חזיר ומוצריו באותה יחידה טריטוריאלית".

מדברים אלה אנו למדים, כי בעניינים מסוימים ישנה חשיבות יתרה לבחינת המרקם החברתי באותה הרשות ולצרכיה הייחודיים. **מחלוקות הדת, מטבע ברייתן, מכוונות יותר למישור המקומי, למרחב האישי של כל אדם.** ייתכן אמנם שיש ענייני דת שהשפעתם כלל ארצית ולכן ראוי להם להתברר ברמה הארצית, ברם מרבית ענייני הדת תחולתם מקומית.[97]

---

92 לעניין זה ראו למשל: הלכה מרכזית בנושא החובה להפעיל סמכות רק לשם השגת המטרות שלשמן הוענקה – בג"צ 98/54 **לזרוביץ נ' המפקח על המזונות** פ"ד י 40 (03.01.1956), וכן פס"ד פריידי ואקסל לעיל.

93 עניין **סולודקין**, לעיל ה"ש 5.

94 שם, עמ' 610-612.

95 שם, עמ' 618-619.

96 שם, עמ' 620.

97 **ספיר וסטטמן**, לעיל ה"ש 85, עמ' 626

הדעת נותנת כי מן הראוי להניח לתושבי הרשות המקומית להחליט על ההסדרים הרצויים וההוגנים במקום מגוריהם מאשר לאכוף תבנית קבועה "מגבוה", בלי רגישות לתכונות האוכלוסייה ולרצונותיה. הרמה המקומית מאפשרת את מציאת שיווי המשקל האזרחי בצורה טובה יותר. תפיסה המעדיפה להסדיר מחלוקות בענייני דת ברובד המקומי עולה בקנה אחד עם גישות בנות זמננו של רב-תרבותיות, התומכות לתת בידי קהילות משנה אפשרות לעצב את הפרהסיה שלהן לפי השקפת עולמן ולפי תרבותן הייחודית, והן מתיישבות יפה גם עם מגמת הביזור ברשויות המקומיות המפותחות, כפי שנותחה לעיל.

פרק ד': רפורמות, ועדות והצעות לבחינת אספקת הדת בישראל

בפרק זה אבקש לתאר ולבקר את המציאות הקיימת בתחום שירותי הדת ולהציג את החלופות שהוצעו במהלך השנים להסדרת הנושא, תוך בחינה ביקורתית של ההצעות הללו.

במרוצת השנים מאז קום המדינה נמתחה לא אחת ביקורת על מצב העניינים בתחום יחסי הדת והמדינה: על עצם מעורבותה של המדינה בהספקת שירותי הדת, על ההסדרים וההסכמים בכללותם, על ההיקף והאופן שבו היא מספקת שירותים אלה, וכן ביקורת פרטנית על הסדרים ספציפיים. **ואולם חרף השינויים וההצעות לשינוי, נותרו דפוסי הפעילות הממשלתית בתחום שירותי הדת בלא שינוי משמעותי מאז שעוצבו בשנותיה הראשונות של המדינה.**

המועצות הדתיות, המופקדות על אספקת שירותי הדת בישראל, הפכו לסמל של מינהל בלתי-תקין.[98] תימוכין לכך ניתן למצוא בנקל בדוחות מבקר המדינה הרבים המפרטים ליקויים חוזרים ונשנים בתפקוד המועצות הדתיות.[99] טענות על בזבוז כספי משלם המסים, חוסר יעילות, הסתאבות שלטונית, פוליטיזציה, פרוטקציוניזם עדתי, אספקת שירותים לקויה ויקרה, היעדר זיקה מקומית, מתיחות בין משרדי הממשלה, הרשויות המקומיות, הרבנים המקומיים והמועצות הדתיות עצמן, וכן אי-סדרים מנהלתיים – העצימו את הביקורת. בנוסף, ניהלו המועצות הדתיות מאבקים עיקשים,

98 לגבי בעיות במינהל התקין של המועצות הדתיות, ראה: **דון-יחיא**, מוסדות דתיים במערכת הפוליטית, לעיל ה"ש 19, עמ' 259-264.

99 חוסר שביעות הרצון מהממסד הדתי והרבני, ותפקודו הלקוי, הם כמעט מן המפורסמות שאינן צריכות ראיה. קצה הקרחון מצוי כאמור בדוחות מבקר המדינה, למשל: דוח על הביקורת במועצות דתיות (1997) (שכלל ביקורת על המועצות הדתיות ראש העין, עפולה ואשקלון); דוח על המועצה הדתית ראשון לציון בדוח שנתי 48 (1998), עמ' 277; דוח על המועצה הדתית ירושלים בדוח שנתי 50ב (2000), עמ' 330; דוח שנתי 51ב (2001), עמ' 453, ודוח על המועצה הדתית ירוחם בדוח שנתי 53ב, עמ' 517; דו"ח המבקר 44, עמ' 312-314 (רב העיר נתניה סירב לחתום על תעודות כשרות בשל מחלוקת עם המועצה הדתית על מספר משגיחי הכשרות שיעסיק. כתוצאה מכך נפגעו קשות בתי עסק רבים בעיר. הרב גם סירב לאפשר הפעלת בית השחיטה בטענה שאין בו מספיק שוחטים, למרות שמספר השוחטים תאם לאמור בחוזר מנכ"ל משרד הדתות); דוח המבקר 46 עמ' 294 (שנה וחצי לאחר הבחירות לרשויות המקומיות שנערכו בשנת 1993 הורכבו מחדש רק 13 מתוך 170 המועצות הדתיות הקיימות); דוח המבקר 44 עמ' 365 (הרכב המועצה הדתית בנתניה שהיה אמור להתחדש בשנת 1989 חודש רק בשנת 1993 וגם אז רק בעקבות התערבות בית המשפט העליון. ראו בג"צ 4608/91 עציון נ' השר לענייני דתות, פ"ד מו(1) 776); דו"ח המבקר 45 עמ' 279 (המועצה הדתית בפתח תקווה לא התחדשה מאז 1988 ולא התמנה לה יו"ר מאז פרישת היו"ר בשנת 1993) דו"ח המבקר 53ב עמ' 517 (המוה"ד ירוחם שאמורה הייתה להיות מורכבת במאי 99 לא הורכבה עד ספטמבר 2002); דו"ח המבקר 45 עמ' 282-83 (המועצה הדתית בפתח-תקווה הונתה, בשיתוף פעולה של משרד הדתות, את העירייה, בנוגע לנתח תקציב האמור להשתלם מקופת משרד הדתות וזאת על מנת להגדיל את הנתח שנותנת העיריה); מבקר המדינה, דו"ח שנתי 46 לשנת 1996, עמ' 281.

בגיבוי (ובדחיפת) הממסד הרבני והפוליטי, נגד הכנסת גורמים "לא רצויים" למועצות הדתיות – קרי: לא-אורתודוקסיים,[100] נשים[101] ובעלי שיוך מפלגתי שאינו מהמפלגה השלטת[102] – כשברקע נלווים אינטרסים פוליטיים באי-הסדרת התחום והפיכתה לגוף פוליטי, לעסקנות ולהטבות למקורבים; כל אלה ועוד, הובילו לשיתוק חמור בפעילות המועצות הדתיות מחד, ולביקורת ציבורית נוקבת מאידך.

בעשור וחצי האחרונים גברה התביעה ליישום שינויים בתחום אספקת שירותי הדת. תרמו לכך מספר גורמים מאיצים, וביניהם ה'מהפכה החברתית' – שדרשה שינוי בחלוקת העוגה התקציבית; נלוותה לה התגברות התודעה הפוליטית בציבוריות הישראלית, כמו גם פסיקות מהדהדות שיצאו מכתלי בית בית המשפט בענייני דת ומדינה[103] ומגמת שינוי כללית ביחסי הממשל והמשק בישראל.[104] משהנושא ניצב כבר שנים במקום גבוה בסדר העדיפויות הציבורי, ייחדו לו כמה וכמה בחינות וועדות ורפורמות שתכליתן להחליף את מצב הדברים הקיים.

נסקור בקצירת האומר ובתמצית את ההצעות לעיצוב מחודש של אספקת שירותי הדת בישראל, וכרקע לדברים, נציין גם את התמורות שחלו במעמדן של המועצות הדתיות והמשרד לשירותי דת.

הצעת ועדת צדוק (יולי 1993)

בספטמבר 1992, סמוך לאחר הקמת הממשלה, מינה ראש הממשלה יצחק רבין ז"ל בתפקידו כשר לענייני דתות, ועדה ציבורית ל"בדיקת המועצות הדתיות ותפקודן",

100 על ההחלטה לפסול מועמדים הנמנים עם זרמים לא אורתודוקסיים ביהדות: בג"צ 699/89 **הופמן נ' מועצת עיריית ירושלים** פ"ד מח(1) 678 (26.01.1994). נוסיף ונציין כי בינואר 1996 החליטה מועצת הרבנות הראשית כי "בהיות המועצה הדתית הזרוע המבצעת של הרבנות הראשית במתן שירותים דתיים... אין כלל להעלות על הדעת שילובם של אנשים ו/או גופים אשר אינם נאמנים להלכה ואף יוצאים חוצץ כנגדה". בינואר 1999 החליטה מועצת הרבנות הראשית פה אחד כי "אין לשבת עם נציגי הרפורמים והקונסרבטיבים במועצות הדתיות".

101 בג"צ 153/87 **לאה שקדיאל נ' השר לענייני דתות** פ"ד מב(2) 221 (19.05.1988), עמ' 227-228

102 עניין **ש"ס נ' שר הדתות**, לעיל ה"ש 37.

103 ראו למשל פסקי דין הקובעים כי המדינה הכירה לראשונה ברבנים רפורמים וקונסרבטיבים ותממן את שכרם – בג"צ 8944/05 **קהילת ברכת שלום נ' משרד ראש הממשלה - הרשות לשירותי דת** (הודעה מעדכנת מצד המשיב, 29.05.2012); פסקי דין העוסקים בחוק טל ובגיוס בחורי ישיבות – ראה: בג"צ 3267/97 **אמנון רובינשטיין נ' שר הביטחון** פ"ד נב(5) 481 (09.12.1998); בג"צ 6427/02 **התנועה לאיכות השלטון בישראל נ' הכנסת** פ"ד סא(1) 619 (11.05.2006); בג"צ 6298/07 **יהודה רסלר נ' כנסת ישראל** (21.02.2012). לפסיקות אלה נלוותה נכונותו הגוברת של בית המשפט להתערב בשנות ה-90 וראשית שנות ה-2000 בסוגיות משמעותיות, כגון בסוגיית ייבוא בשר לא כשר: בג"צ 3872/93 **מיטראל בע"מ נ' ראש הממשלה ושר הדתות** פ"ד מז 485 (22.10.1993) ועוד.

104 תומר אביטל "בדיקת "כלכליסט": האם הגיע הזמן להפריט את שירותי הדת?" **כלכליסט** (30.05.2011)
http://www.calcalist.co.il/local/articles/0,7340,L-3519263,00.html

שכונתה "ועדת צדוק", במטרה לבחון את מצב שירותי הדת והצעת רפורמה בנושא.[105] בראש הוועדה עמד חיים צדוק ז"ל, ועמו חיים קוברסקי ז"ל, מקסים לוי ז"ל וחה"כ יצחק (בוז'י) הרצוג.

ועדת צדוק בחנה את התפיסה המונחת ביסוד חוק שירותי הדת, לרבות שאלת חובתה של המדינה לספק שירותי דת יהודיים. הנחת היסוד של הוועדה הייתה שהמדינה חייבת להמשיך ולספק שירותי דת לתושביה במסגרת התקציבים הציבוריים.[106] עם זאת, הציעה הוועדה מספר שינויים משמעותיים במגוון רחב של נושאים, ובהם: המבנה הארגוני, סל השירותים הדתיים, יחסי מועצה דתית ורבנות מקומית, הזרמים הלא-אורתודוקסיים והמועצות הדתיות, משאבי אנוש, תקציב וכספים. כמו כן, הושמעה ביקורת על כך שהפיקוח והבקרה על המועצות הדתיות "דליל ביותר", וכן על "קיומן של הוצאות כספיות בלתי חוקיות במועצות הדתיות".[107] השינוי המבני העיקרי אשר הציעה הוועדה היה העברת מרכז הכובד בהרכבת המועצה הדתית משר הדתות אל הגורמים המקומיים – הרשות והרבנות.[108] המלצה נוספת התייחסה להקמת חברות לאספקת שירותי דת, או להוצאת מכרזים לקבלנים שיוכלו לספק חלק מן השירותים הדתיים על דרך של הפרטה. יתר הצעותיה של הוועדה נגעו לנושאים נקודתיים האמורים להביא לייעול המועצות, ולהגברת ההקפדה על תקינות המינהל. להלן עיקרי הדברים.

ראשית, הומלץ לכונן סל שירותים דתיים אחיד ומוגדר שכל רשות מקומית חייבת לספק. סל השירותים יתחלק לשלוש קטגוריות – שירותי חובה, שירותים מקובלים ושירותים נוספים (ראה לעיל בעמ' 16).

שנית, הומלץ לשנות את סעיף 3(א) לחוק שירותי הדת, הקובע את מאזן יחסי הכוחות בין שלושת הגופים האמונים על הרכבת המועצה הדתית. הוצע כי לנוכח אופיים המקומי של השירותים הדתיים ראוי לחזק את משקלה של הנציגות המקומית באיוש חברי המועצה הדתית – הרשות המקומית (55% במקום 45% כיום) והרבנות המקומית (25% במקום 10%) – על חשבון השלטון המרכזי (20% לשר הדתות במקום 45%).[109] עוד

105 **ועדת צדוק**, לעיל ה"ש 30.
106 שם, עמ' 16.
107 שם, עמ' 48-49.
108 שם, עמ' 18-27, 42.
109 חיים קוברסקי, בדעת מיעוט, התנגד להמלצה. נימוקו להתנגדות היה הרצון לשמירת הרוב במועצה הדתית בידי גורמים דתיים. המתכונת הנוכחית מעניקה רוב לגורמים דתיים (45% לשר ועוד 10% לרבנות המקומית), המבטיחים את האופי הדתי של שרותי הדת. קוברסקי תמך בהעלאת משקל הנציגות המקומית, אך בצורה מתונה יותר. הוא הציע כי לשר הדתות ולרשות המקומית תהיה נציגות של 40% כ"א, ולרבנות המקומית תהיה נציגות של 20%. כך תהיה עליה מתונה בכוחם של

המליצה הוועדה לבטל את הצורך בהסכמה הדדית בין הרשויות המרכיבות את המועצה הדתית.[110]

שלישית, הומלץ להקטין את מספר המועצות הדתיות ולשנות את פריסתן. על פי ההצעה, יוקמו מועצות דתיות מחוזיות, שיאחדו מועצות דתיות ממועצות מקומיות ואזוריות. חלק מהמועצות הדתיות ימוזגו עם המועצות בערים הסמוכות להן. הקמת מועצה דתית חדשה תתאפשר רק בעקבות המלצתה של ועדת חקירה, בדומה לנעשה בהקמת עירייה. יוקמו אגדי מועצות דתיות לשירותים ספציפיים, כמקובל בתחום המוניציפלי. המלצה זו עלתה בדיוני הממשלה בשנת 2005, אך לא יושמה.[111] כמו-כן יוקמו אגדים דומים לשירותים הדורשים התמחויות ספציפיות, כמו עירובין. יוקמו חברות לאספקת שירותי דת, או שיוצאו מכרזים לקבלנים שיוכלו לספק חלק מן השירותים הדתיים. בדרך זו תושג הפרטה של שירותים אלו.

בשאלת מספרן של המועצות הדתיות, אומצו המלצות ועדת צדוק. ב-1994 צומצם מספרן של המועצות הדתיות בכ-20%. בהחלטות ממשלה משנת 2008 ו-2009,[112] וכן בהצעת חוק ההסדרים לשנת 2009, נעשה ניסיון נוסף לצמצום מספר המועצות המקומיות, על ידי סגירת כלל המועצות הדתיות בישובים אשר מונים פחות מ-10,000 תושבים.[113] הצעה זו נדחתה.

מספר המועצות הדתיות בשנים 1949-2004:[114]

הגורמים המקומיים (60% במקום 55% כיום), ויישמר ואף יתחזק הרוב של הגורמים הדתיים (60% במקום 55% כיום).

110 יצוין, כי גם מבקר המדינה הצטרף להמלצת ועדת צדוק, לבטל את הצורך בהסכמה הדדית בבחירת חברי המועצות הדתיות. ראו דו"חות מבקר המדינה 44 (1993) עמ' 365, 46 (1995) עמ' 294, 48 (1997) עמ' 277 – "הקשיים בחידוש הרכבן מעידים על פגם מהותי בדרך כינונן, שמטבע הדברים משפיע גם על טיב השירותים שהן נותנות לציבור".

111 ראה: תני גולדשטיין "הרפורמה הבאה: מיזוג וסגירת עשרות מועצות דתיות" **ynet** (02.02.2005) http://www.ynet.co.il/articles/0,7340,L-3040639,00.html

112 החלטה מס' 3987 של הממשלה ה-31 (24.08.2008) – "ייעול אופן מתן שירותי הדת"; החלטה מס' 203 של הממשלה ה-32 (12.05.2009) – "איחוד מועצות דתיות".

113 ראה: סעיף 113-114 בהצעת חוק ההתייעלות הכלכלית (תיקוני חקיקה ליישום התכנית הכלכלית לשנים 2009 ו-2010), התשס"ט-2009, ה"ח הממשלה 436 (16.06.2009) – סעיפי הפרק "ייעול אופן מתן שירותי הדת" הוצאו לבסוף, אך נותרו סעיפי הפרק "איחוד מועצות דתיות".
ראה גם: "הצעת מדיניות כלכלית לשנת 2009" **משרד האוצר** (2009), עמ' 32. ההצעה ניתנת להורדה כאן:
http://ecowiki.org.il/images/2/22/Policy2009.pdf
עיין: אדריאן פילוט "חוק ההסדרים: האוצר מתכנן לסגור 50 מועצות דתיות ביישובים קטנים" **גלובס** (10.08.2008).
http://www.globes.co.il/news/article.aspx?did=1000370338

114 מקור: **בן-צור**, לעיל ה"ש 49, עמ' 56.

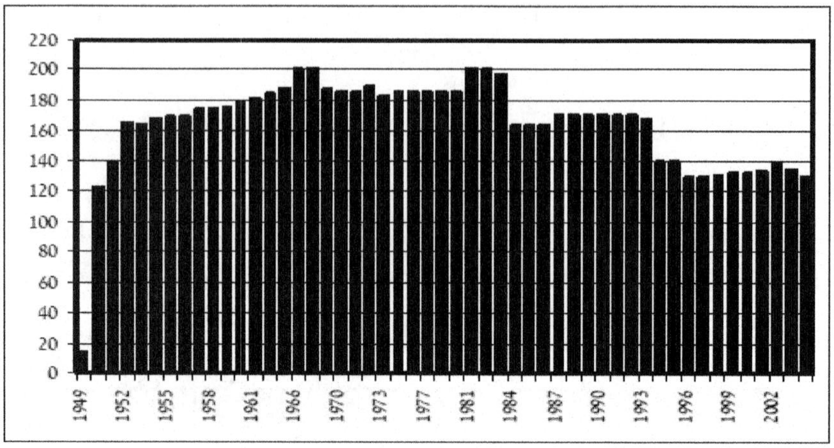

ניתן לראות את העלייה החדה שחלה כאמור במספר המועצות הדתיות בשנים הראשונות להקמת המדינה: מ-13 מועצות דתיות בשנת 1949 ל-165 בשנת 1952. מגמת העלייה במספר המועצות הדתיות נעצרה בשנת 1967, כאשר פעלו 200 מועצות דתיות. לאחר מכן מספר המועצות ירד, ונע סביב 185 עד לשנת 1980. בשנים 1981-1983 מספר המועצות הדתיות נע סביב 200, ובשנים 1984-1993 ירד שוב, ונע סביב 164-170. מאז ועדת צדוק פועלות 130-140 מועצות דתיות בישראל.

רביעית, הומלץ לבטל את הכפילות העדתית בתפקידי הרבנות (אשכנזי / ספרדי), כפילות "שאבד עליה הכלח".[115] עוד הומלץ לקצוב את תקופת כהונתם של רבני עיר לכהונה של 10 שנים, בדומה לכהונת רב ראשי.[116] הרב יוכל להציג מועמדות לקדנציה נוספת של 10 שנים הסמוכה לתקופת כהונתו כרב עיר. מועמד יהיה כשיר להציג מועמדות רק אם טרם מלאו לו 65 שנה.[117] מקצת השינויים אכן יושמו ואכן הותקנו

115 **ועדת צדוק**, לעיל ה"ש 30, עמ' 29. לפי התקנות דאז, בישוב שהוא עירייה או מועצה מקומית יהיה רב עיר אחד. אולם, אם עלה מספר תושבי הישוב היהודיים על 5,400 איש, יהיו בישוב שני רבני עיר, אחד ספרדי ואחד אשכנזי, אם דרשו זאת המוסדות הייצוגיים של הציבור הספרדי או האשכנזי במקום, לפי העניין – ראה: תקנות העדות הדתיות (ארגונן) (בחירות רבני עיר), תשכ"ו-1965. יוער, כי כבר בשנות ה-70 הביע השופט עציוני צער רב "על שהמחוקק בשנת העשרים ושבע לקיום המדינה עדיין מנציח את המחיצות המלאכותיות בין עדה ועדה וייחד מוסדות בשביל כל עדה ועדה לחוד; הגיע הזמן, שלכל הפחות המחיצות החוקיות האלה תימחקנה מספר החוקים" – בג"צ 90/75 **אלראי ואח' נ' שר התתות**, פ"ד כט(2) 413 (29.05.1975), בעמ' 416. וכן בג"צ 1765/93 **חיימובסקי נ' המשרד לענייני דתות ואח'** פ"ד מט(3) 705 (07.09.1995), עמ' 708.

116 סעיף 16(א) לחוק הרבנות הראשית לישראל, תש"ם-1980.

117 חיים קוברסקי הסתייג בדעת מיעוט מהצעה זו, וסבר כי יש לשמר את המסורת בקהילות ישראל בהן מונה הרב לכל ימי חייו. הצעה לקצוב את כהונת רב העיר הועלתה ע"י ח"כ חיים אורון. ראה: הצעת חוק שירותי הדת היהודיים (תיקון – משך כהונת רב עיר), התשס"ג-2003.

תקנות חדשות, ואולם עדיין ברחבי הארץ בכ-40 ערים מכהנים שני רבני עיר – אשכנזי וספרדי.[118]

חמישית, הוועדה המליצה להקים ליד כל מועצה דתית תאגיד שיעסיק את משגיחי הכשרות במקום.[119] המימון של התאגיד יבוא כולו מהמוסדות שעומדים תחת השגחה, כך שהתאגיד יפעל למעשה כמשק סגור על בסיס הכנסות והוצאות, לרבות הוצאות תקורה מינימליים. המשגיחים יהיו עובדי התאגיד ולא יתקיימו יחסי עובד-מעביד בין המשגיחים למועצה הדתית ובין המשגיחים למושגחים.

שישית, הדו"ח כלל המלצות לתמיכה בזרמים הלא-אורתודוקסיים,[120] מימון עצמי (אופן קבלת תרומות, מענקים ועזבונות),[121] הכשרת עובדי המועצות,[122] הזמנת שירותים ע"י המועצות,[123] מעמד המשרתים בקודש[124] ודרכי הפיקוח והבקרה.[125]

חלק מהמלצות הוועדה הועלו במהלך השנים במסגרת ועדות ודיונים (ראה בהרחבה להלן), אך מרביתן לא יושמו.[126]

הוועדה הבין-משרדית לבחינת תפקוד המועצות הדתיות (ינואר 1997)

הואיל והמלצות ועדת צדוק לא זכו להתייחסות הראויה, והמצב הבעייתי של המועצות הדתיות נותר על כנו, הוחלט על הקמת ועדת נוספת לשיפור תפקודן של המועצות הדתיות, כחלק משינויים מבניים כוללים וייעול המגזר הציבורי. בינואר 1997 החליטה הממשלה כי ועדה בהשתתפות נציגים של המשרד לענייני דתות ושל משרדי הפנים והאוצר תמליץ בעניין תפקודן של המועצות הדתיות ובענייני כספים, תקציב וכוח אדם "במטרה לייעל את כלל המגזר הציבורי". הוועדה אמורה הייתה לגבש קריטריונים

118 לפני שנים ספורות תוקנו מספר תקנות בדבר אופן בחירתם של רבני עיר. ראה: תקנות שירותי הדת היהודיים (בחירות רבני עיר), תשס"ז-2007. המידע אודות מספרם של רבני העיר מבוסס על שיחת טלפון עם המוקד במשרד לשירותי דת.

119 **ועדת צדוק**, לעיל ה"ש 30, עמ' 34-39.

120 שם, עמ' 42. עניין זה נדון גם בבג"צ **הופמן**, לעיל ה"ש 100.

121 **ועדת צדוק**, לעיל ה"ש 30, עמ' 44-45.

122 שם, עמ' 46.

123 שם, עמ' 45.

124 שם, עמ' 47.

125 שם, עמ' 48.

126 ראה: עמ' 454 לדוח שנתי 51ב מבקר המדינה (2001). סמוך לפטירתו גילה חיים צדוק כיצד ומדוע נגנז הדו"ח היסודי של הוועדה: "כשהגשתי את הדין-וחשבון, רבין היה ראש הממשלה ושר הדתות, ופנחסי היה סגן שר הדתות. הגשתי את הדין-וחשבון לשניהם. פנחסי דפדף בו, והעניין נראה לו. בסוף הוא אמר לי: "אתם כותבים שם, שאין שום הצדקה מדוע אנשים מהזרם הקונסרבטיבי ומהזרם הרפורמי לא יהיו חברי מועצות דתיות; בזה גזרתם גניזה על הדין-וחשבון שלכם". גם הדברים החיוביים לא זכו ליישום בשל כך". דן מרידור "ראיון עם חיים צדוק" **ליד ערש המשפט: ספר חיים צדוק** (רון חריס, עורך, תשס"ב) 128-131.

לעבודת המועצות הדתיות, ובכלל זה בחינת המשמעויות התקציביות שלהם, וקביעת תכנית הבראה פרטנית לכל מועצה דתית.

לאחר שהתגלעו חילוקי דעות בין נציגי משרד האוצר לבין נציגי המשרד לענייני דתות, הפסיקה הוועדה הבין-משרדית להתכנס בלא שחבריה הצביעו על ההצעות שהועלו במהלך דיוניה ובלא שהתקבלו החלטות כלשהן.[127] עם זאת, עניינים שהועלו לבחינת הוועדה שימשו מאוחר יותר את חברי ועדת שירותי הדת היהודיים.[128]

ועדת שירותי הדת היהודיים (אוקטובר 1997) והוועדה לקביעת סל שירותי דת (יולי 2000)

לאור בקשתם של הרבנים הראשיים לישראל, שהתלוננו על הפוליטיזציה במועצות הדתיות שפוגעת בתפקודן, החליטה ועדת הפנים של הכנסת באוקטובר 1997 להקים ועדה שחבריה יהיו נציגי הרבנות הראשית לישראל, נציגי המשרד ומשרד הפנים, ראשי מועצות דתיות ואנשי מקצוע, ותפקידה יהיה לבחון את שירותי הדת היהודיים.[129] הוועדה התכנסה לארבע ישיבות, ובמאי 1998 גיבשה כמה החלטות כלליות בנוגע לכהונת רב עיר שני, להרכב המועצות הדתיות ולדרך המימון של תקציב המועצות הדתיות.[130]

ועדה נוספת, שלישית, הוקמה ע"י שר הדתות יצחק כהן (ש"ס) ביולי 2000, בעקבות עתירה של מועצה דתית לבג"ץ בטענה על קיפוח תקציבי, ולאחר שבג"ץ חייב אותו לקבוע קריטריונים שוויוניים לחלוקת התקציב עד ספטמבר 1999. הוועדה התכנסה "לבחינת הקריטריונים לגיבוש סל שירותי הדת היהודיים והקצאת תקציב המדינה לשירותים אלה", לשנים 2002 ואילך.[131] הוועדה הגישה את המלצותיה בנובמבר 2001, שעיקרם שוויוניות, אחידות ושקיפות בסל השירותים לאזרח.[132] בשנים 2002-2003 תקציבי המועצות הדתיות הוקצו בהתאם להמלצות הוועדה האחרונה, אך גם הן נגנזו עם פירוק משרד הדתות.

---

127 אודות ועדה זו ראה: דוח מבקר המדינה 51ב (ירושלים: מבקר המדינה, 2001), עמ' 454.

128 במסגרת הוועדה נוסחו כללים במספר עניינים פרטניים, דוגמת "כללי הוועדה הבין-משרדית לחלוקת תקציב 1999-2000 לפיתוח מבני דת". כמו כן, למשל בשאלת מינוי רב ראשי שני, וכן בסוגיית הקמת מקוואות לגברים. ראה: בדוח השנתי של מבקר המדינה 51ב, עמ' 476,

129 מבקר המדינה, דוח 51ב, עמ' 454-455; פרוטוקול ועדת הפנים ואיכות הסביבה, הכנסת ה-14, מושב שלישי (19.11.1997), עמ' 146.

130 שם, דוח 51ב, עמ' 457, 476.

131 בג"צ 1648/97 **המועצה הדתית ראשון לציון נגד השר לענייני דתות** (27.03.2000)

132 מבקר המדינה, דוח 51ב, עמ' 472; "הוועדה הציבורית לבחינת הקריטריונים לקביעת סל שירותי הדת היהודיים, והקצאת תקציב המדינה לשירותים אלה" **דין וחשבון מסכם** (הוגש לשר לענייני דתות, נובמבר 2001).

מכל מקום, שלוש ועדות אלה הולידו הצעות מינוריות שלא היה בהן כדי לחולל שינוי של ממש באספקת שירותי הדת.

הצעת החוק של יונה יהב (1997)

בדוח ועדת צדוק צוין כי 153 פניות הוגשו לוועדה בנוגע לתפקידיהן של המועצות הדתיות, מִבְנֵיהֶן, תקציבן, דרכי בחירתן והפיקוח עליהן. אחת ההצעות, שנשללה על ידי הוועדה, מתוארת כדלקמן:[133]

> בפני המועצה הועלו הצעות שונות לשינוי המבנה הארגוני של המועצות הדתיות. ביניהן, הצעה שהמועצות הדתיות יבוטלו ושהשירותים הדתיים יסופקו לציבור על ידי מחלקה לשירותים דתיים בכל רשות מקומית... הוועדה בחנה את ההצעות השונות ובאשר להצעות הנ"ל סבורה הוועדה שהמיוחד בשירותים דתיים הוא אופיים ההלכתי, כאשר הסמכות ההלכתית, הרבנות, נוטלת חלק בהכוונה ההלכתית על השירותים הדתיים. לכן, סבורה הוועדה כי מן הראוי שעל מתן שירותים אלו **כולם** יהיה אמון גוף אוטונומי המורכב מאנשים שיש להם עניין בקיום השירותים הדתיים ואין להטיל תפקיד זה על מחלקה בכל רשות מקומית" (ההדגשה במקור)

ההצעה לבטל את המועצות הדתיות ולהקים תחתיהן מחלקות דת הכפוף לרשויות המקומיות, על אף שנשללה, הבשילה לכדי הצעת חוק שהוגשה על ידי חה"כ יונה יהב (מפלגת העבודה, היום ראש העיר חיפה).[134] הצעת החוק אמנם הכירה בצורך לשמירה על אופיים ההלכתי של שירותי הדת והצורך להפקדתם בידי אנשים יראי שמיים, אך זאת ייעשה באמצעות ממשק בין ה"יחידה הארגונית לשירותי דת" (כלשון הצעת החוק) לבין הרבנות המקומית.[135] הצעת החוק אמנם נדחתה, אך היא שימשה לאבן דרך נוספת בביזור כוחן של המועצות הדתיות.

מכל מקום, הביקורת הציבורית שהושמעה על רשויות הדת – הן בציבור והן בבתי המשפט (ראה בג"צ מרצ ירושלים לעיל בעמ' 11) – לצד גורמים נוספים (דוגמת פרשת

133 **ועדת צדוק**, לעיל ה"ש 30, עמ' 17.

134 ח"כ יונה יהב (כנסת ה-14) – הצעת חוק שירותי הדת היהודיים, תשנ"ז-1997, ד"כ 164(2) (תשנ"ח) 874.

135 הצעת חוק מרוככת עלתה גם בשנת 2000 – ראה: ס' 3 להצעת חוק שירותי הדת היהודיים, תשס"א-2000, ה"ח הממשלה 2929.

המשחן) לא נפלה על אזניים רעלות, והיא שהתניעה את ה"מהפכה החילונית" בימי כהונתו של אהוד ברק כראש ממשלה.[136]

מתווה ביילין ורפורמת "שינוי" לפירוק משרד הדתות והמועצות הדתיות (אוקטובר 2003)

בשנת 2000 החל מהלך לסגירת משרד הדתות בממשלתו של אהוד ברק, במקביל לפרישתה של ש"ס מהממשלה, ועל רקע ההתקדמות במו"מ עם הפלסטינים.[137] יוסי ביילין, אשר גיבש מתווה מקיף ליחסי דת ומדינה בישראל, ניסח הצעה ברוח דומה להצעתו של יונה יהב לביטול המועצות הדתיות. ההצעה אומצה על ידי ראש הממשלה;[138] ביילין מונה לתפקיד שר הדתות, תפקיד אותו מילא למען מטרה אחת: פירוק משרד הדתות.[139] לבסוף, המהלך כשל בשל לחצים פוליטיים ופרוץ אירועי אוקטובר 2000.

ב-2003, עם התעצמותה של מפלגת שינוי והפיכתה לשותפה קואליציונית בכירה בכנסת ה-16,[140] החלה מקודמת רפורמה לביטול משרד הדתות ולפירוק המועצות הדתיות. תכנית זו עוגנה במסגרת ההסכם הקואליציוני, עליו חתמה גם המפד"ל.[141] ביום

---

136 משה גרילק **החרדים: מי אנחנו באמת? מסמך אישי מתועד על עימות שנראה חסר פתרון** (הוצאת כתר, 2002), עמ' 82; ראה גם: שבח וייס ודוד אשכול **בחרתיך ומאסתיך: שלטון ובחירות – העשור האחרון** (הוצאת לוגוס, תל-אביב, 2005), עמ' 147.

137 ראה כתבתו של תומר אביטל "ניסיון הפירוק שכשל" **כלכליסט** (30.05.2011) http://www.calcalist.co.il/local/articles/0,7340,L-3519292,00.html

138 חיים יובל "ראש הממשלה הודיע: המועצות הדתיות יבוטלו עוד לפני סיום הפגרה בכנסת" **מעריב** 01.09.2000, עמ' 10.

139 כך מספר ביילין: "בשנת 2000 שמחתי ליטול על עצמי את תפקיד השר לענייני דתות, מתוך מטרה לפרק את המשרד... אשר לא היתה לו כל הצדקת קיום נפרד. בגיבויו של ראש הממשלה דאז, אהוד ברק, הקמתי ועדת שרים מיוחדת לפירוק משרד הדתות שכללה מנכ"לים ונציגים מכל המשרדים הרלבנטיים, והכנו תכנית מפורטת לחלוקת כל התפקידים והתקציבים של משרד הדתות בין המשרדים הקיימים. על "ספר הפירוק" הזה קיבלתי את תמיכתם של חלק מחברי הכנסת הדתיים, הרבנים הראשיים (בעיקר הרב בקשי-דורון) וגורמים נוספים". ראה "לקסיקון פוליטי" באתר יוסי ביילין: http://www.beilin.org.il.

140 בבחירות לכנסת ה-15 (מאי 1999) זכתה שינוי ל-6 מנדטים. בבחירות לכנסת ה-16 (ינואר 2003) זכתה ל-15 מנדטים. בבחירות לכנסת ה-17 (מרץ 2006) לא עברה את אחוז החסימה.

141 בנוספח להסכם הקואליציוני של הממשלה ה-30 (ממשלת שרון השנייה) נקבע כי: (א) מוסכם עקרונית, כי משרד הדתות יפסיק להתקיים כמשרד עצמאי. עם הקמת הממשלה הוא יסופח למשרד ראש הממשלה. יוקם צוות מקצועי שיהיה חייב לסיים עבודתו, תוך לא יותר מ- 10 חודשים [עד דצמבר 2003], אשר יביא למיזוג יחידות המשרד ביתר משרדי הממשלה, תוך חסכון בכח אדם. (ב) המועצות הדתיות תחדלנה להתקיים במתכונתן הנוכחית. צוות מקצועי יגבש הצעת חוק להבטחת והסדרת מתן שירותי הדת היהודית בדרך אחרת (תוך התבססות מרכזית על השירותים המוניציפליים). הצוות יסיים עבודתו תוך 6 חודשים [עד אוגוסט 2003]. בישיבה ה-7 של הכנסת השש-עשרה (27.02.2003) הביע ח"כ הרצוג פסימיות מהמהלך באומרו "שוב עובדים על כולכם בעיניים, המועצות הדתיות תישארנה, תישארנה לעולם ועד".

08.10.2003 נפל דבר: בהחלטת ממשלה מס' 900 נקבע כי הממשלה תפעל "לשינויו ולארגונו מחדש של מבנה שירותי הדת בישראל, במגמה לייעלם ולשפרם, בדרך של העברת יחידות המשרד לענייני דתות למשרדים אחרים תוך שמירה על המשכיות מתן שירותי הדת. **המשרד לענייני דתות יבוטל עד ליום 31.12.03**".[142]

במסגרת החלטה זו, הממשלה המשיכה לספק את שירותי הדת אך הסמכויות השונות פוזרו באופן הבא: ניהול מערכת בתי הדין הרבניים ובתי הדין הנוצריים – למשרד המשפטים; האגף לעדות לא יהודיות – למשרד הפנים; האגף לפיתוח מבני דת – למשרד הבינוי והשיכון; מחלקת הישיבות ומחלקת הבטחת הכנסה – למשרד החינוך, התרבות והספורט; המרכז לפיתוח מקומות קדושים – למשרד התיירות; אגף המועצות הדתיות – למשרד ראש הממשלה (הוקמה הרשות הארצית לשירותי דת כאגף במשרד ראש הממשלה); האולפנים ללימודי היהדות – למשרד לקליטת עלייה. כן הוחלט על העברה הדרגתית של שירותי הדת לרשויות המקומיות, במספר שלבים. בשלב הראשון יועבר הפיקוח על המועצות הדתיות ממשרד הדתות למשרד ראש הממשלה, וייסגרו 67 מן המועצות הדתיות הקיימות, תוך איחודן עם מועצות אחרות. בשלב שני יפורקו כל המועצות הדתיות, ושירותי הדת ייכללו במסגרת השירותים המוניציפאליים.[143]

ההחלטה להעברת הסמכויות בין המשרדים השונים, שהייתה חד-צדדית, נחלה כישלון חרוץ. גם הניסיון הנוסף להעביר הסמכויות לרשויות המוניציפאליות (העברת כל תקציבי המועצות הדתיות בישראל דרך המועצות המקומיות והעיריות), שעלה במסגרת הצעת חוק ההסדרים לשנת 2007, נתקל בהתנגדות מטעם הנהלת השלטון המקומי, שטענה כי

---

142 ראה: החלטת מס' 900 של הממשלה ה-30 (08.10.2003). ראש הממשלה דאז, אריאל שרון, נימק את ההחלטה כך: "מדוע הלכנו למהלך הזה מלכתחילה? המטרה היתה ועודנה להמשיך ולספק שרותי דת יהודיים לכל מי שמבקש אותם, באופן יעיל, נטול פוליטיזציה, ותוך כדי חסכון ניכר במשאבים" – פרוטוקול מס' 100 מישיבת הועדה לענייני ביקורת המדינה (29.06.2004) שכותרתו "בקשה לחוות דעת מבקר המדינה בנושא קריסת שירותי הדת במדינת ישראל". על המשמעויות מרחיקות הלכת של החלטה זו ראה: אילן מרסיאנו ואטילה שומפלבי "הממשלה אישרה את פירוק משרד הדתות" **ynet** (08.10.2003)
http://www.ynet.co.il/articles/0,7340,L-2781675,00.html

143 ראה דברי שר הפנים לשעבר מטעם שינוי, אברהם פורז: דברי הכנסת 185, הכנסת השש-עשרה, מיום 22.11.04: "המועצות הדתיות יעברו מן העולם. זה מודל בלתי מוצלח, מודל בזבזני... שירותי הדת צריכים להינתן ביעילות ובצורה מסודרת. כאשר זה יהיה בידי השלטון המקומי, זה יהיה הרבה יותר מסודר".

הרשויות אינן ערוכות לאספקת שירותים מעין אלה.[144] כך העיד ח"כ יורי שטרן ז"ל, יו"ר הוועדה לביקורת המדינה דאז:[145]

> "[ל]החלטת הממשלה שהתקבלה לפני כשנתיים על פירוק משרד הדתות... לא היה שום בסיס של התארגנות, שום עבודת מטה, שום תכנית פעולה מסודרת להעברת אחריות, בדיקה מעמיקה ואמיתית של כל ההיבטים התקציביים, הארגוניים, מי אחראי על מה, מי מטפל במה, איך יינתנו שירותי דת במדינת ישראל במתכונת החדשה"

פיזורם וביזורם של שירותי הדת במשרדים השונים בתקופת נטילת עצמאותו של המשרד, לא היו אמורים לגרור שינויים מהותיים מעבר לשינוי במוקד הכוח, אולם בפועל נכרכו במהלך זה שינויים משמעותיים נוספים שהובילו להידרדרות באופן תפקודן של המועצות הדתיות והביאו את מערך שירותי הדת לְסִיפָּהּ של קריסה כלכלית מוחלטת, מה שגרם במקומות רבים להשבתת שירותי דת חיוניים לרבות קבורה ומקוואות. בנוסף, שימור ואחזקת מבני הדת נזנח לחלוטין, לא נבנו מקוואות חדשים, מקוואות הזקוקים לשיפוץ ואחזקה הוזנחו, וכך גם בתי כנסת.[146] גורלם של עובדים רבים הוּלַט בערפל. בעתירה שהגישו 18 מועצות דתיות נטען כי המדינה פגעה במועצות הדתיות, בלא שחל כל שינוי בחקיקה או בהיקף השירותים שעליהן לספק. כן נפגע הבסיס המזערי המאפשר להן להתקיים, לשלם שכר לעובדיהן וגמלאות לגמלאיהן ולספק את השירותים שהן חייבות לספק לציבור הרחב.[147] בית המשפט אישר כי "המועצות הדתיות בארץ נתונות במצב כספי קשה, אם ננקוט לשון המעטה", אך העתירה לבסוף נדחתה בשל התחייבויות המדינה להבראתן.[148]

הקשיים המרכזיים ברפורמת "שינוי" היו שניים:

---

144 עידן יוסף "השלטון המקומי: לסגור את המועצות הדתיות" **News1** (19.10.2006) http://www.news1.co.il/Archive/001-D-113140-00.html

145 פרוטוקול ישיבה מס' 1 של ועדת המשנה (של הוועדה לענייני ביקורת המדינה) לענייני שירותי דת (22.3.2005). גם ח"כ אמנון כהן, יו"ר הוועדה לענייני ביקורת המדינה דאז אמר בהודעה לתקשורת מטעם הוועדה: "הממשלה כשלה בפירוק משרד הדתות ויצרה תוהו ובוהו". פורסם באתר הכנסת: http://www.knesset.gov.il/spokesman/heb/Result.asp?HodID=4025
ראה גם: "כך השתלט שרון על המועצות הדתיות" **ערוץ 7** (20.09.2005) http://www.inn.co.il/News/News.aspx/125096

146 ראה בהרחבה: המשרד לשירותי דת **חוזר מנכ"ל סט/1** (תשס"ט).

147 כך ניתן ללמוד מהתגובה מטעם העותרות שניתנה בבג"צ 11474/03 **המועצה הדתית ראש העין נ' ממשלת ישראל** (פורסם בנבו)

148 בג"צ 11474/03 **המועצה הדתית ראש העין נ' ממשלת ישראל** (החלטה באתר הרשות השופטת, 29.07.2004)

ראשית, מתווה העברת הסמכויות לרשות המקומית ופירוק המועצות הדתיות, מתווה אשר אמנם גובה בהחלטת ממשלה ובהתגייסות קואליציונית רחבה, נעשה בתנועת מלקחיים חדה, כמחטף, בשיטת "זבנג וגמרנו", והוביל להחרפת מצוקתן של המועצות הדתיות עד למשבר עמוק בתפקודן, שהתבטא בשנים אלה בגירעונות תקציביים ובחוסר עמידה בהתחייבויות כלפי עובדים, ספקים ואזרחים.

שנית, לתנועת "שינוי" לא הייתה משנה סדורה על היחס הראוי בין דת ומדינה בישראל. דומה שמאמציה הבלתי נלאים לפירוק משרד הדתות המועצות הדתיות, לא נבעו משאיפה לטיוב והשאת מערך שירותי הדת, אלא מתוך אידיאולוגיה (אנטי דתית) שאחד ממאמציה היה לגמד ולסרס את אספקת הדת בפרט ואת הממסד הדתי-ציבורי בכלל.[149] מניעים אלה, כשלעצמם, הם מתכון להחרפת המתח הבין-דתי בישראל, ולא מן הנמנע שככאלה, הם נדונו לכישלון.

הקמת "הרשות הארצית לשירותי דת" (2005-2008)

בשל הקושי הגדול ביישומה של החלטת הממשלה לסגירת המועצות הדתיות ולניסיונות הרפורמה שבאו בעקבותיה – וכן בשל תמורות מהותיות שחלו במפה הפוליטית עם קריסתה של מפלגת "שינוי" והתפצלותה לשני מחנות, עד לגוויעתה בבחירות 2006 – נזנחה אט אט החלטה זו לטובת חשיבה על מודלים חלופיים לאספקת שרותי הדת.[150] אחת ההצעות שנזנחה הייתה הקמת 36 מועצות דתיות מרחביות, שתפעלנה במנותק מהרשויות המקומיות.[151]

לאחר פירוק משרד הדתות בינואר 2004, הפיקוח על מתן שירותי דת באמצעות המועצות הדתיות הועבר למשרד ראש הממשלה. ביוני 2005 הוקמה **הרשות הארצית**

149 ביטוי לכך ניתן למצוא במצע מפלגת שינוי: "אמונה דתית לא תהיה נושא לחקיקה ולמימון מטעם המדינה... שינוי נאבקת בכפיה דתית ובניצול כספי מדינה לצרכי דת" (פורסם באתר האינטרנט הרשמי של המפלגה. האתר אינו קיים עוד).

150 ראש הממשלה אמר בוועדה לביקורת המדינה שקיימות שתי חלופות: העברת המועצות הדתיות לעיריות או הקמת לשכות מרחביות. ראה: פרוטוקול מס' 100 הוועדה לענייני ביקורת המדינה, לעיל ה"ש 142.

151 ההסכם הקואליציוני של "שינוי" קבע, שהמועצות הדתיות יחדלו להתקיים במתכונתן הנוכחית וכי ועדה קואליציונית תקבע כיצד יועברו שירותי הדת לסמכות הרשויות המקומיות. בפועל הועדה הנ"ל לא החלה לפעול ובמקומה הוקם צוות מקצועי במשרד רה"מ בראשות מנכ"ל המשרד, אילן כהן. באופן מפתיע, התוכנית שגיבש הצוות באפריל 2005 מדברת על הקמת רשות לשירותי דת אשר תכפיף את המועצות הדתיות למשרד רה"מ במקום להפוך אותן למחלקות ברשויות המקומיות. במסגרת הרשות יפעלו 36 או 53 מועצות דתיות מרחביות (במקום 134 המועצות הקיימות) שיהיו כפופות לה ולכל אחת מהן מנכ"ל. הרעיון הוא ששירותי הדת יסופקו בידי הממשלה, בדומה לשירותי רווחה ותרבות. העברת החוק החדש הייתה אמורה להיארך בין שנה לשלוש שנים.

לשירותי דת כיחידת סמך במשרד ראש הממשלה, ולאחר בחירות 2006 הועמד בראשה שר. ב-14 בינואר 2008 אישרה הכנסת את הקמתו של המשרד לשירותי דת, והרשות הארצית לשירותי דת הועברה, על סמכויותיה, למשרד זה.

הטלטלות הרבות שעברו על מערך אספקת שירותי הדת בישראל, מצבן הכספי המדולדל של הרשויות המקומיות, היעדר תכנית סדורה באספקת שירותי הדת, והאנדרלמוסיה ששררה למן פירוק המשרד לענייני דתות בשנת 2004 – הוביל שתי תנועות פרטיות, "התנועה ליהדות מתקדמת בישראל" ו"נאמני תורה ועבודה", השואפות לעצב את מערך סדרי הדת במדינה – כל אחת ממניעיה והשקפת עולמה – להציב אלטרנטיבה לארגון מערך שירותי הדת היהודיים בישראל. ראוי לציין, כי כרקע לכתיבת ההצעות עמדה הצעה לרפורמה הממשלתית, לפיה יצומצם מספר המועצות הדתיות במידה ניכרת ובמקומן יוקמו מועצות דתיות מרחביות, וכן ייקבע סל שירותי דת תקני.[152]

ההצעה הראשונה של "נאמני תורה ועבודה" (יולי 2005)

ביולי 2005 פרסמה תנועת "נאמני תורה ועבודה" – תנועה המאמצת ערכים ציונים-דתיים מודרניים – את "דו"ח הועדה הציבורית לבחינת שירותי הדת היהודיים".[153] ממסקנות הדו"ח עולה, כי התנועה חולקת, בראש ובראשונה, על הקביעה לפיה מתן שירותי דת לאוכלוסייה באמצעות מועצות דתיות אינה יעילה או נכונה. התנועה מתנגדת למרכוז שירותי הדת במשרד ראש-הממשלה ודוגלת בהורדת העומס בנושאי דת מהשלטון המרכזי למקומי. בכך, מצטרפת הוועדה לעמדת ועדת צדוק אשר שללה את העברת המועצות הדתיות לשלטון המקומי. להלן עיקרי הדגשים שהובאו בהצעה.

ראשית, כדי לייצב באופן מיידי את מערך שירותי הדת הציעה הוועדה לאמץ, לאלתר, את דו"ח ועדת צדוק, שכן המלצותיה של הוועדה אינן דורשות שינויים מבניים או חקיקתיים משמעותיים.

שנית, יש להפריד את הדת מהפוליטיקה המפלגתית-שלטונית ולחזק את הזיקה הקיימת בין הציבור המקומי לבין המועצה הדתית.

152 דוח מבקר המדינה 57ב, עמ' 197-214.

153 ראה: נאמני תורה ועבודה "הועדה הציבורית לבחינת שירותי הדת היהודיים" **דין וחשבון** (ירושלים, 2005). בהקדמה לדו"ח מציינים העורכים כי "מבנה ראוי של הממסד הדתי ישפר את ההידברות בין דתיים לחילוניים, יגביר את ההקשבה של הממסד הרבני לאוכלוסייה וצרכיה המשתנים, ויעמיק את אופייה של ישראל כמדינה יהודית יותר, דמוקרטית יותר. אנו מאמינים כי בכך נקרב בין ישראל לאביהם שבשמיים." הדו"ח זמין להורדה באתר התנועה: http://toravoda.org.il.

שלישית, יחד עם אימוץ כללי של דו"ח ועדת צדוק, יש לבצע במקומות אחדים ניסוי של ה"מודל קהילתי" אותו הגה ד"ר הדר ליפשיץ, לפיו יועברו שירותי הדת מהמדינה לקהילה, והמדינה תתקצב שירותי דת אך ורק באמצעות בתי-הכנסת. ביטוי מורחב לרעיון זה הובא בהצעה השנייה של "נאמני תורה ועבודה" משנת 2012, שביכרה את ה"מודל הקהילתי" על פני מודלים אחרים (ראה פירוט להלן בעמ' 59).

ההצעה הראשונה של התנועה הרפורמית (פברואר 2005)

בפברואר 2005 פרסמו גלית נדב וגלעד קריב מ"המרכז הרפורמי לדת ומדינה" (או בכינויו דאז: "המרכז לפלורליזם יהודי") את מסמך "מערך שירותי הדת היהודיים בישראל: הצעה לארגון מחודש".[154] זוהי אמנם ההצעה היחידה שצמחה בקרקע לא-אורתודוכסית, אך לא ניתן להגדירה כ"הצעה רפורמית", שכן היא ברובה מסתמכת על המנגנונים הרבניים הקיימים, שהם בהגדרתם אורתודוקסיים. להלן עיקרי הצעתם.

ראשית, סל שירותי הדת הבסיסיים יוגדר בחקיקה ראשית. הסל יוכל להכיל מספר מדרגות תקנון המתחשבות באופי השונה של האוכלוסיות המיועדות לצרוך את שירותי הדת.

שנית, המועצות הדתיות תפורקנה ותפקידיהן יחולקו בין הרשויות המקומיות והרבנות הראשית לישראל, כזרוע של השלטון המרכזי. במועצות הרשויות תוקמנה ועדות חובה לעניין שירותי הדת. תחת אחריותן וסמכותן של הרשויות המקומיות יופקדו השירותים הבאים: מתיחת קווי עירוב והחזקתם, הפעלת מקוואות, הפעלת לשכה לייעוץ רבני והלכתי (אשר תבוא בנעלי הרבנים השכונתיים), בינוי בתי כנסת ומקוואות באמצעות תקציבים ממשלתיים. במקביל תוספנה הרשויות המקומיות לספק שירותי תרבות תורנית לפי בחירתן.

שלישית, תחת אחריותה וסמכותה של הרבנות הראשית יופקדו שירותי רישום נישואין ועריכתם, פיקוח על הכשרות ושחיטה. עם שינויו של המצב המשפטי בתחום הנישואין והגירושין ובתחום הכשרות, תפעל הרבנות בתחומים אלו כאחד מן המסלולים המוצעים לציבור הרחב. הרבנות הראשית תספק את שירותיה באמצעות מרחבים אזוריים, אשר יפעלו ללא כל קשר עם מחלקות הדת המוניציפליות.

---

154 ראה: המרכז לפלורליזם יהודי - התנועה ליהדות מתקדמת בישראל **"מערך שירותי הדת היהודיים בישראל: הצעה לארגון מחודש"** (2005). המסמך מפורסם באתר התנועה: www.reform.org.il.

הקמת המשרד לשירותי דת (ינואר 2008)

כאמור, בשנים בהם היו שירותי הדת תחת משרד ראש הממשלה מועצות דתיות רבות כרעו תחת נטל החובות והיו על סף קריסה כלכלית. "ייבוש" המועצות הדתיות עמד תדיר על סדר יומה של הכנסת.[155] מבקר המדינה התבטא בפני הועדה לביקורת המדינה באמרו כי "נושא שירותי הדת צריך לקבל טיפול שורש וכל השאר הם אקמולים".[156] לפתרון הבעיה, למשל, הוצע להקל את הנטל הכספי המוטל על הרשות המקומית ולהגדיל את שיעור השתתפות הממשלה בהוצאות המועצות הדתיות מ-40% ל-75%.[157] חרף האמור, החליטה הממשלה ב-2007 להעמיק את השינוי בתקצוב המועצות הדתיות לחובת הרשויות המקומיות, ולאפשר לשר להגדיל את שיעור השתתפות הרשות המקומית במימון שירותי הדת.[158]

ביטוי לקשיי המועצות הדתיות ניתן למצוא בדברי ח"כ הלפרט בדיוני הועדה לביקורת המדינה:[159]

> "מה שקורה בשנתיים שלוש האחרונות, פשוט קטסטרופה. לא רק בתחום הדת – בתחום של אלפי אנשים שעובדים במועצות דתיות, ממלאים את תפקידם בנאמנה. חודשים על גבי חודשים לא מקבלים את המשכורת הזעומה שהיו אמורים לקבל. ישנם מקומות שכבר שנה שלמה לא קיבלו משכורת. אנשים שנתנו את כל חייהם – רבנים, שוחטים, משגיחי כשרות, לטובת שירותי הדת, באופן פתאומי לאף אחד לא אכפת אם הם כן מקבלים משכורת או לא מקבלים משכורת – שום דבר."

בינואר 2008 אישרה מליאת הכנסת ברוב של 51 תומכים מול 37 מתנגדים את החלטת הממשלה להקים מחדש את משרד הדתות תחת השם "המשרד לשירותי דת", בראשותו

155 בכנסת ה-16 נספרו 8 מועדים שונים להצעות אי-אמון שהוגשו מטעם המפלגות הדתיות בגין המשבר החמור במועצות הדתיות (בתאריכים 02.03.04; 07.06.04; 28.06.04; 12.07.04; 19.07.04; 02.08.04; 07.02.05; 30.05.05)

156 דברי מבקר המדינה, אליעזר גולדברג – פרוטוקול מס' 156 מישיבת הועדה לביקורת המדינה (15.02.2005), עמ' 9.
ראה גם: צבי לביא "גולדברג חוקר את קריסת שירותי הדת מאז ההחלטה על פירוק משרד הדתות" **גלובס** (21.02.2005).
http://www.globes.co.il/news/article.aspx?did=886176

157 ח"כ דוד אזולאי (ש"ס) – הצעת חוק שירותי הדת היהודיים (תיקון - חלוקת הוצאות תקציב המועצות הדתיות), התשס"ז-2006, ה"ח 1871/17, הונחה על שולחן הכנסת ביום 25.12.06.

158 החלטה מס' 2197 של הממשלה (12.08.2007).

159 דבריו של ח"כ שמואל הלפרט (יהדות התורה) – פרוטוקול מס' 63 מישיבת הוועדה לענייני ביקורת המדינה (20.02.2007).

של יצחק כהן ממפלגת ש"ס, כחלק מההסכם הקואליציוני להקמת הממשלה ה-31. תפקידיו החדשים-ישנים הם לשמש רגולטור על המועצות הדתיות וחברות הקדישא ולהיות אחראי על אספקת שירותי דת לאזרחיה היהודיים של המדינה.[160] מהלך זה ספג ביקורת, ונטען כי הוא ביטוי לשחיתות ולמינהל ציבורי לא תקין,[161] כלשונה של ח"כ גילה פינקלשטיין (מפד"ל): "מטרתו היחידה של הצעד היא יצירת בסיס חוקי למינויים חדשים במועצות הדתיות – מאות ג'ובים, בלשון המעטה".[162]

כיום, דומה כי המגמה של המשרד לשירותי דת היא הפוכה מזו של תחילת העשור הקודם; אך באחרונה דווח על מהלכים להקמת מועצה דתית במודיעין עילית וּבְשֹׁהַם, בניגוד לרצון התושבים (בשני המקרים, כל רשות וסיבותיה עמה).[163] כן יצוין, כי השר לשירותי דת הצהיר באחרונה כי "הממשלה אינה מעמידה די משאבים לצרכי הדת", מה שמעיד על כוונת המשרד לגדול ולהתרחב.[164]

160 החלטה מס' 2903 של הממשלה (06.01.2008). לציין, כי מהלך זה לא התקבל באופן חיובי. לטענת המבקרים ייסודו המחודש של המשרד לשירותי דת נועד להענקת עוצמה פוליטית נוספת למפלגות החרדיות, ולא במטרה לשכלל את איכות אספקת הדת בישראל. ראה: אריק בנדר "זעם על הקמת משרד הדתות: זה שוחד לש"ס" **nrg** (06.01.2008) http://www.nrg.co.il/online/1/ART1/680/058.html.

161 ראה גם: דברי השר אופיר פז-פינס פרוטוקול מס' 284 מישיבת ועדת הפנים והגנת הסביבה, כנסת 17 (07.01.2008) "אנו יודעים שיש בעיה שנקראת המועצות הדתיות... יש הצעות פשוטות לטפל בבעיה הזו, לפרק את המועצות הדתיות ולהפוך אותן למחלקות לשירותי דת ברשויות המקומיות – זה יתקתק כמו שעון שוויצרי ויהיו שירותי דת, יתפקד, אבל לא רוצים שזה יתפקד באמת, רוצים להשאיר את המערכת של מועצות דתיות כדי לספק תפקידים, כספים, לייצר צינור עבודה שהוא לא באמצעות הרשות המקומית".

162 גילה פינקלשטיין "משרד לחלוקת ג'ובים" **בשבע** 275 (10.01.2008).

163 זליג ויינשטיין ויקי אדמקר "אי אימון: תוקם מועצה דתית במודיעין עילית" **בחדרי חרדים** (22.08.2010) http://www.bhol.co.il/Article.aspx?id=19244
יובל אזולאי "תושבי שוהם נאבקים בהנחיית השר מרגי להקים מועצה דתית ביישובם" **הארץ** (07.01.2010) http://www.haaretz.co.il/news/education/1.1183261

164 פורסם באתר האינטרנט הרשמי של מפלגת ש"ס. ראה: http://shas.org.il/Web/He/Party/Margi/Action/1025.aspx.
לציין בהקשר זה כי גם המשרד לשירותי דת משיא את מירב המאמצים לשיפור תדמיתו בקרב הציבור. ראה תומר אביטל "קמפיין: בקרוב בטלוויזיה: קמפיין פרסום לשירותי הדת הממלכתיים" **כלכליסט** (13.07.2011) http://www.calcalist.co.il/local/articles/0,7340,L-3524215,00.html

פרק ד'1: רשויות לאספקת דת בגוונים שונים

אחר שסקרנו את ההצעות השונות שהונחו בתחום אספקת שירותי דת, אעלה בקצרה מספר הצעות נוספות. שלוש ההצעות הראשונות – הצעות משה גפני, אמנת מדן-גביזון, והצעת לוי-בן-דהאן – מבקשות לנתק את אספקת הדת הקיים במסגרת העיריות והמועצות המקומיות, ותחתן להקים מערך אספקת דת **ארצי** הבא בנעלי המועצות הדתיות.

הצעת החוק של משה גפני: הקמת רשות רבנית סטטוטורית א-פוליטית (2000, 2003, 2004)

ח"כ משה גפני (יהדות התורה) הגיש פעמים מספר הצעת חוק פרטית לשינוי המבנה המוסדי של שירותי הדת.[165] הוא הציע לשמר את המבנה הקיים של גוף מרכזי וגופים מקומיים הבנויים במתכונת הרשויות המקומיות, אך להעביר את סמכות משרד הדתות **לרשות סטטוטורית חדשה**, אוטונומית כמעט לחלוטין מן הממשלה. תקציב הרשות יתבסס על אגרות שתגבה הרשות ועל מימון מתקציב המדינה.

גפני מציע לבטל את המועצות הדתיות. לפי הצעת החוק, הרשות הרבנית תחסוך תשלום מאות משכורות (מנופחות) של ראשי מועצות דתיות וסגניהם, לטובת כספים לייעול השירותים הדתיים, בניית מקוואות חדשים, בתי כנסת ומוסדות נצרכים אחרים. לדבריו, "המתכונת הנוכחית של המועצות הדתיות היא מתכונת אנכרוניסטית, שכולם, ללא יוצא מן הכלל, כל חברי הכנסת, מתקוממים נגדה, מתנגדים לה ורוצים לשנות אותה... אני רוצה שהיום זה יהיה במתכונת שונה, מודרנית, מוסדרת".[166] ברוח זו, התנגד גפני נחרצות להעברת שירותי הדת לרשויות המקומיות:[167]

> "להפוך את שירותי הדת למחלקה ברשות המקומית, זאת קטסטרופה שאין כדוגמתה במצב שבו הרשויות המקומיות קורסות ואינן יכולות לשלם משכורות. הן ייקחו היום על עצמן 400 מיליון שקל חובות של המועצות הדתיות, והן יעמידו את הנושא הזה בעדיפות כלשהי כדי לספק שירותי דת? זה בלתי

165 ראה: הצעות חוק רשות שירותי הדת היהודיים – ה"ח 1360/15 (מיום 07.02.2000); ה"ח 1422/16 (מיום 31.07.2003); ה"ח 2104/16 (מיום 22.03.2004). יוער, כי בעיתונות החרדית הושמעה טענה לפיה ח"כ גפני נסוג מהצעה זו בשל חששו מש"ס "למען שלום הבית... גם אם הנושא כשלעצמו הוא ראוי ונכון". ראה: יעקב ריבלין "על חורבות משרד הדתות" **קו עיתונות דתית** (24.12.2003).

166 דברי ח"כ גפני מתוך פרוטוקול הישיבה ה-109 של הכנסת ה-15 (24.05.2000).

167 דברי ח"כ גפני מתוך פרוטוקול הישיבה ה-96 של הכנסת ה-16 (31.12.2003).

הגיוני, בלתי מתקבל על הדעת בעליל... אני חושב שזאת הצעה לא ראויה, לא נכונה, אלא אם כן רוצים לחסל את שירותי הדת."

לפי ההצעה, מועצת הרשות החדשה תקבע מדיניות בשאלות דת, כגון היחס לגיורים ומתגיירים, סוגיות בענייני כשרות וכמובן סדרי העדיפויות בחלוקת עוגת התמיכה. יו"ר הרשות ייבחר ע"י שר הדתות ובהסכמת הרבנים הראשיים. מתוך תשעת חברי המועצה ייבחרו עוד שישה ע"י רבנים, באופן ישיר (ארבעה) או בהסכמתם (שניים). שני החברים הנוספים במועצה יהיו מנכ"ל משרד הדתות ויו"ר המרכז לשלטון מקומי. את המועצות הדתיות יחליפו מינהלות אשר יוכפפו למועצת הרשות ולרבני העיר.

בהצעת גפני עולים כמה קשיים:

ראשית, כפי שהובא בהרחבה לעיל, שלטון מרכזי מתקשה לספק שירותים בנושאים מקומיים בצורה טובה וממוקדת. ניהול "פדראלי" של בעיות מקומיות נדון, על פי רוב, לכשלון. המינהל המודרני, ובכלל זה המינהל ברשויות המקומיות, חותר בשנים האחרונות לעבר מגמת של ביזור – ואילו הצעת גפני מבקשת לחזור אחורה בהיבט זה.

שנית, במרבית הרשויות המקומיות מבצעת הרשות מלאכתה בתחום השירותים החברתיים כגון בריאות, תרבות, חינוך ובמידה חלקית בלבד בשירותי הרווחה. מטבע ברייתם, אופיים של שירותי הדת הינו מקומי. הקמת רשות מרכזית ארצית לענייני דת תגרע עוד יותר מטיב השירותים, והנתק בין הציבור לגופי הדת יתרחב.

שלישית, בדברי ההסבר לחוק מובהר כי מטרת החוק היא למנוע מעורבות פוליטית בפעילות רשות הדת המרכזית. עם זאת, יש בכך גם להרחיק את ציבור האזרחים, שכן אם למשל, על פי ההסדר הנוהג כיום נציגי השכונה הם שליש מחברי הגוף הבוחר רב שכונה – לפי הצעת גפני ייבחרו רבני השכונה על-ידי רבני העיר, באישור מועצת הרשות. תושבי השכונה לא יהיו שותפים לבחירת רבם, והסמכות היחידה הנותרת בידם בתחום זה היא פנייה למועצת הרבנות הראשית בבקשה שתבחר רב שכונה, אם מסרבים רבני העיר לעשות זאת.

רביעית, קשה להתעלם מהמעמד שמעניק גפני לרבנים, שלפי הצעת חוק הם מהווים מקור סמכות תורני, הם קובעי המדיניות והם המפקחים על פעילות "העסקנים".[168] הרבנים, אליבא דגפני, מצויים במעמד א-פוליטי, מה שלמרבה הצער רחוק מהמציאות

168 ב-20 סעיפים שונים בהצעת החוק מוזכרים הרבנים, ולמעשה כל פעילות של אותו גוף סטטוטורי כפופה למשילות הרבנית. מתכונת זו דומה במידה מסוימת לעולם החרדי, בו הרבנים הם האוטוריטה המוחלטת והיחידה במרבית ענפי החיים.

בשטח. מתווה ריכוזי שכזה מבטיח סקטוריאליות רבה בגוף הזה, לצד נטייה לאחידות וסטנדרטיזציה. מי שימונה לרשות הרבנית – לבטח יהיה רק מי ששייך למגזר ה"נכון".

אמנת גביזון-מדן: הקמת "רשות ארצית לסיפוק שירותי דת" (ינואר 2003)

בשנת 2000 חברו יחד הרב יעקב מדן והפרופסור רות גביזון וניסחו אמנה שתסדיר את יחסי דתיים-חילונים במדינת ישראל. האמנה יוצאת מנקודת ההנחה שיסודות הסטטוס קוו שנקבעו בראשית ימי המדינה איבדו ממשמעותם לאורך השנים, ולכן יש לקבוע כללים חדשים להסדרת דת ומדינה. כמו כן, על כללים אלו לנבוע מהסכמה ציבורית רחבה שתיווצר מדו-שיח ולא מתוך מאבקים פוליטיים וחברתיים.[169]

בתוך שלל ההסדרים המוצעים באמנה, קיים פרק מרכזי העוסק באספקת שירותי דת. האמנה מציעה להקים רשות ארצית לסיפוק שירותי דת ליהודים במקום המועצות הדתיות, אשר תקציבה ייקבע בחוק, ויועבר על-ידי משרדי הפנים והדתות. הפיקוח על פעולות הרשות יהיה משותף לשני המשרדים. היקף השירותים שהיא תספק ייקבע בחוק. השירותים יינתנו בהתייעצות עם הרבנות הראשית ועם הרבנות המקומית, ועובדי הרשות יקבלו הנחיות מן הרבנים האחראים. בנוסף, תוקם רשות מיוחדת שתעסוק בנושא הכשרות, שחבריה ימונו באישור הרבנות הראשית.[170]

בהצעת גביזון-מדן עולים כמה קשיים:

ראשית, שאלה יסודית שלא זכתה להתייחסות באמנה היא, מי הגורם שימנה את חברי הרשויות. עיון בהצעה מלמד כי הכוונה היא להעניק לרבנים את השליטה המלאה על הרשויות הארציות.[171] לכן, סביר שמתכונת המינוי תהיה דומה לזו שבהצעת החוק של ח"כ גפני, אך בשונה מהצעת גפני, לשיטת מדן-גביזון רק רשות אחת מרכזית תספק שירותים.

169 יואב ארציאלי **אמנת גביזון-מדן: עיקרים ועקרונות** (הוצאת המכון הישראלי לדמוקרטיה וקרן אביחי, ירושלים תשס"ג), עמ' 46-47. ראה גם: רות גביזון ויעקב מדן **מסד לאמנה חברתית חדשה בין שומרי מצוות וחופשיים בישראל** (מהדורה זמנית, ירושלים: המכון הישראלי לדמוקרטיה וקרן אבי חי, תשס"ג), עמ' 251-262.

170 ראוי לציין בהקשר כי עמדתה של גביזון לעניין זה, כפי שהביעה בעבר, שונה מהעמדה שהוצגה באמנת גביזון-מדן. ב-1998 כתבה גביזון כי "הפתרון צריך להיות במסגרת של יחידות קטנות, הנתונות לביקורת הרשות המקומית וביקורת המדינה, שאינן עוסקות בענייני דת לגופם". ראה: רות גביזון "תלוי ב"עוקף בג"צ"" **ידיעות אחרונות** (23.12.1998). המאמר ניתן לקריאה באתר האינטרנט של גביזון: http://www.gavison.com/common/attachment.php?d=gavison&a=3672

171 ביקורת על כך הושמעה במאמרם של ספיר ושנר. שנר טוען כי "מדן מעמיד בפנינו את הנארטיב היהודי-רבני בשלמותו הפונדמנטליסטית" – ראה: גידי ספיר ומשה שנר "בעקבות אמנת גביזון-מדן" **ארץ אחרת** 26 (ינואר-פברואר 2005), עמ' 86.

שנית, אימוצה של האמנה יוביל לחיזוק המונופול במערך שירותי הדת. את הביזור המסוים שבכל זאת קיים היום בין המועצות הדתיות השונות ימיר מרכוז מוחלט. גישה כזאת מעלה באוב את מקסם השווא, ברוח הגישה הניהולית הקלאסית, של המרכוז כמזור לבעיות מינהליות. כמפורט בהרחבה לעיל, הגישה הניהולית כיום שונה לחלוטין. תורת ה"ניהול הציבורי החדש" מדברת בשבחי ההפרטה והביזור. במערכת ביזורית כזאת יצביע הצרכן ברגליים ויבחר בדרך הטבע בספק שיעניק לו את השירות הטוב ביותר, שמתאים בצורה המיטבית לרצונותיו ולצרכיו.

שלישית, נושא נוסף שנכלל בהצעה, והודגש ע"י גביזון בדברי ההסבר הנלווים, הוא עיגון זכותם של הזרמים החילוניים והלא-אורתודוקסים לקבל מימון ע"פ כללים שייקבעו באמצעות גוף, שאינו כפוף לרבנות. בדברי ההסבר כותבת גביזון כי קביעתם של כללים אלה תביא לכך ש"המונופולין האורתודוקסי הקיים כיום בנושא הפיקוח על אספקת שירותי הדת ייפסק".[172] ספק אם אכן רעיון זה יעמוד במבחן המציאות. את הטעם נותן ספיר: "מדן וגביזון הפקידו את החתול האורתודוקסי כממונה על אספקת השמנת התקציבית לזרמים הלא-אורתודוקסיים".[173]

הצעת לוי ובן-דהאן - רשות ארצית לשירותי דת בשליטת ראש-הממשלה (אוקטובר 2003)

כאמור לעיל (בעמ' 46), בהסכם הקואליציוני של הממשלה ה-30 (2003) נכללה ההסכמה שמשרד הדתות יפורק.[174] ח"כ יצחק לוי (מפד"ל), שמונה לסגן שר האמון על הפירוק, ומנכ"ל משרד הדתות דאז, הרב אליהו בן-דהאן, הופקדו על הכנת חלופה למשרד הדתות והמועצות הדתיות. באוקטובר 2003 הם הגישו הצעה למבנה חדש לשירותי הדת שכותרתה **"מבנה חדש למתן שירותי דת"**.[175]

על פי התכנית יבוטלו המועצות הדתיות, ובמקומן תוקם לשכה ארצית לשירותי דת בראשות הרב הראשי, אשר לה יהיו 25 לשכות מרחביות. בראש הלשכה יעבוד עובד מדינה שייבחר במכרז, וגם מנהלי הלשכות המרחביות ייבחרו באופן דומה. הלשכות תספקנה את השירותים הבאים: קבורה, מקוואות, עירובין והדרכת חתנים וכלות. במתן

172 **גביזון ומדן – מסד לאמנה חברתית חדשה**, לעיל ה"ש 171, עמ' 254.
173 **ספיר ושנר**, לעיל ה"ש 171.
174 הסכם קואליציוני של הממשלה ה-30, לעיל ה"ש 141.
175 עיקרי התכנית פורטו בעיתון הצופה. ראה: אליהו בן-דהאן "תגובה למאמר 'היש כוח ללידה'" **הצופה** (28.11.2003).

שירותי הדת יתקיימו יחסי גומלין בין הלשכות המרחביות, הרבנים המקומיים והרבנות הראשית, בעיקר בנושאי רישום נישואין וכשרות.

ביקורת על התכנית הושמעה בעיתון הצופה:[176]

> "הרבנים לוי ובן-דהאן העלו רעיון בוסרי להקמת לשכות מחוזיות אשר יהיו כפופות לגורם מרכזי. הצעה זו מותירה על כנה את המונופול הקיים, ומחמירה את המצב בהידוק מרכוז היתר של שירותי הדת... ההצעה מחמירה, אם כן, את המצב הנוכחי. לא פחות מאכזב הוא קוצר הראות הפוליטי... משתעשעים ברעיון של הקמת 'רשות מרכזית' בשליטת הרב הראשי... מונופול מועד להתדרדרות והשחתה, וגם הצעה זו מחמירה את המרכוז הקיים היום במועצות הדתיות. מדוע אמרנו 'משתעשעים'? האם הסיטואציה הפוליטית תאפשר חיזוק מעמדה של הרבנות הראשית? גם אם הרעיון היה טוב, הסיכוי ליישמו – אפסי. בחינה מנהלית ראשונית תפסול רעיונות שכאלו על הסף, עוד לפני שדיברנו על מעמדם של הרפורמים ברשות שכזאת."

ואכן, הצעתם של לוי ובן-דהאן, אשר דומה במתכונתה להצעתם של גפני וגביזון-מדן, נדחתה כאמור על-ידי הממשלה באוקטובר 2003.[177]

ההצעה השנייה של התנועה הרפורמית (יולי 2011)

ביולי 2011 פורסמה הצעה חדשה של ענת הופמן וגלעד קריב מהתנועה הרפורמית, תחת הכותרת "יחסי דת ומדינה בישראל: עקרונות יסוד ומצע למציאות ישראלית חדשה".[178] בשונה מהצעתה הקודמת של התנועה הרפורמית שנחשבה לשמרנית יחסית, באה ההצעה החדשה לשנות סדרי בראשית – ובעיקר להעניק לזרמים הלא-אורתודוקסיים מעמד שווה-ערך לזרמים האורתודוקסיים. ההצעה החדשה משקפת עמדה נוקשה יותר כלפי החיבור בין דת למדינה. בהקדמה להצעה זו נכתב כי "הממסד הדתי בישראל ארוג ומשולב במוסדות השלטון. מוציא ומביא במסדרונותיו, נהנה מסמכויותיו

176 הדר ליפשיץ "היש כוח ללידה?" **הצופה** (16.11.2003).
177 החלטת ממשלה 900, לעיל ה"ש 142.
178 התנועה הרפורמית – המרכז לדת ומדינה "יחסי דת ומדינה בישראל: עקרונות יסוד ומצע למציאות ישראלית חדשה" **דין וחשבון** (ירושלים, 2011). המסמך מפורסם באתר התנועה: www.reform.org.il

וממשאביו, וכופה עצמו על אזרחי המדינה". ברוח ביקורת זו, הובאו העקרונות להצעה כדלקמן.

ראשית, מערך המועצות הדתיות יבוטל. הקהילות הדתיות השונות בישראל, החפצות בכך, תתאגדנה בהסתדרויות אשר פעולתם תוסדר בחוק ועיקר שירותי הדת יינתנו על ידן. הסתדרויות אלו יתמכו על ידי המדינה בהתאם לקריטריונים שוויוניים ועניינים ויחויבו בהתאם, בשקיפות ובביקורת ציבורית. תמיכת המדינה בשירותי הדת באמצעות אותן ההסתדרויות תעשה בהתאם למספר המשתמשים בשירותים אלו ועל בסיס קריטריונים ענייניים ושוויוניים.

שנית, הרשויות המקומיות תקמנה מחלקות לתיאום שירותי הדת שמטרתן לתאם בין ההסתדרויות הדתיות השונות לבין הרשות המקומית בתחומים השונים הרלוונטיים לפעולת הרשות ולאספקת שירותי דת (מתיחת קווי עירוב, הקצאת קרקעות לבינוי בתי כנסת, פיקוח תברואתי על פעולת המקוואות וכו').

שלישית, מעמד רבני הערים, רבני השכונות ורבני היישובים יבוטל. המדינה תשתתף בעלות העסקתם של רבני ההסתדרויות הדתיות השונות בהתאם לגודלם.

הצעה זו, הלכה למעשה, היא הפרדת הדת מהמדינה באופן מוחלט. המניע לשינוי בעמדתה של התנועה למול ההצעה הקודמת, נובע מאכזבתה של התנועה הרפורמית מהמהפכה שכשלה בתחום שירותי הדת, שנגדעה עם הקמתו מחדש של המשרד לשירותי דת.[179] לתפיסתם, לא ניתן להפריד באופן חלקי בין דת למדינה, שכן המציאות הפוליטית בישראל אינה עושה חסד עם תכניות ארוכות-שנים; השתלטות מחודשת על מוסדות הדת היא עניין של זמן, שכן החלטות ממשלה משתנות תדיר עם חילופי גברא בשלטון.

הצעת "נאמני תורה ועבודה" השנייה - פרויקט 'אור חדש' לשיפור שירותי הדת (2012)

ד"ר הדר ליפשיץ והרב עילאי עופרן מתנועת "נאמני תורה ועבודה" השיקו את פרויקט 'אור חדש' (התנועה לדמוקרטיזציה של שירותי הדת בישראל), במסגרתו גובש מודל מפורט למבנה ואספקת שירותי הדת בישראל.[180] כבר בהצעה הקודמת של "נאמני תורה ועבודה" עלה הרעיון כאופציה ניסיונית במספר קהילות (ראה לעיל בעמ' 50), אולם בשנת

179 דברים שעלו בשיחה עם יונתן ארנון, פעיל בתנועה הרפורמית, 13.11.12.

180 התכנית הובאה בחוברת שפורסמה מטעם "נאמני תורה ועבודה" שכותרתה "העם רוצה יותר יהדות! זה הזמן למודל הקהילתי". החוברת ניתנת להורדה באתר התנועה: http://toravoda.org.il/files/model.pdf.
פרטי ההצעה הובאו בהרחבה במאמרם של ליפשיץ וספיר, לעיל ה"ש 76, עמ' 193-187.

2012 הכריזה התנועה כי "הגענו לנקודה שבה המדינה תוכל לבצע את המהלך המהפכני הזה". על פי התכנית, האחריות והסמכות השוטפת בתחום שירותי הדת תועבר מן המדינה לקהילה, וזאת באמצעות קהילות שיתאגדו באופן גרעיני סביב בתי כנסת, תוך יצירת תחרות בין "ספקי שירותי דת" שונים. התכנית הועלתה לדיון בכנסת.[181]

הרעיון העומד בבסיס השיטה הוא להעביר את שירותי הדת מהמדינה לקהילה – במקום מערכת הנשלטת 'מלמעלה למטה', מהשלטון המרכזי כלפי האזרח, יועבר מוקד הסמכות והתקציב אל האזרחים, מתפללי בתי-הכנסת – ללא השארת "ספיחים" של קשר מוסדי בין המדינה לדת:[182]

> "הפקדת סמכויות שלטוניות בידי גופי דת, תוך חיבורם המוסדי לטבורה של המדינה, מוליכים באופן טבעי וכמעט בלתי-נמנע להשתלטותה של המדינה על מוסדות אלה. ניתוק אמיתי של הדת מחיבוקה החונק של המדינה, ייתכן אך ורק אם תתבצע הפרדה מוסדית מלאה בין המדינה לבין הדת ומוסדותיה. כל ניסיון להבטיח עצמאות למוסדות הדת, תוך השארת החיבור המוסדי על כנו, נידון לדעתנו לכישלון."

להלן עיקרי ההצעה:

ראשית, יוטל 'מס דת' וולונטרי, כמקובל בחלק ממדינות אירופה (ראה להלן בעמ' 65). מי שישלם את המס יודיע לאיזה בית-כנסת הוא רשום, בדומה להסדרי ביטוח הבריאות. בתי-הכנסת יתוקצבו ע"פ מספר משלמי המס הרשום אצלם. מטרת המס איננה לממן את השירות (המדינה תמשיך לממן את שירותי הדת באותם סדרי גודל אותם היא עושה כעת), אלא לסמן מי המעוניינים בשירותי הדת, ולקבוע את מספר החברים בבתי-הכנסת השונים. סך כל תקציבי הדת, ממשרדי הממשלה השונים, יחולק ישירות לבתי-הכנסת. בתי-הכנסת יספקו את צרכי הדת במישור הקהילתי. דברים אשר עולים על יכולתו של בית-כנסת בודד, יסופקו ע"י מספר בתי-כנסת סמוכים, כגון בנושאים כמקוואות ועירוב.[183] העובדה שבית הכנסת משמש ממילא כמוקד קהילתי "מסודר" – מקלה על יישום התכנית.

שנית, הרבנים יהיו רבני הקהילות כשבתי-הכנסת הוא מעסיקם הישיר, ולא עובדי עירייה כפי שהם היום. רב יוכל לשמש בכמה קהילות, על-בסיס אזורי, עדתי או

181 ראה: פרוטוקול מס' 159 מישיבת הוועדה לענייני ביקורת המדינה (01.03.2011).
182 **ליפשיץ וספיר**, לעיל ה"ש 76, עמ' 167
183 שם, עמ' 189-190.

אידיאולוגי. כך יוכל אדם להיות רב בקהילה התואמת את השקפותיו הדתיות. היקף המשימות שימלא הרב בקהילתו יסוכם בחוזה בין כל קהילה ורבה.

שלישית, תחומי **הכשרות, הנישואין והגיור** חורגים ממסגרתן של הקהילות השונות, ולהסדרתם נפקות ברמה הארצית האזרחית. לא ניתן, אם כן, לבצע לגביהם ביזור קיצוני ולהפקיד את הסמכות בעניינם בידי כל בית כנסת יחיד. ביצועם וההחלטות לגביהם יינתנו ליוזמתה של החברה האזרחית באמצעות אגד בתי-כנסת. בידי אגדים אלו תופקד הסמכות בכל אחד מהנושאים הנידונים, כשייקבעו דרישות מינימום לגודלו של האגד כתנאי להסמכתו לעסוק בתחום. כך, למשל, ניתן לקבוע כי עריכת נישואין תופקד רק בידי אגד בתי-כנסת המונה לפחות 50,000 אזרחים משלמי מס, כשרות יוכל להעניק אגד הכולל 50,000 חברים משלמי מס, ואילו הליכי הגיור יוסדרו באמצעות אגד המונה לפחות 250,000 חברים. ניתן גם לקבוע מספר של זכיינים, כגון, שבעה בכשרות, חמישה בנישואין ושלושה בגיור, כאשר אגד בתי הכנסת הגדולים ביותר יזכה בזכיינות. זוג המעוניין להינשא יוכל לפנות לאחד הזכיינים, ע"פ בחירתו.

רביעית, תקציב בתי-הכנסת אמור לכסות גם עירובין ומקוואות. לשם ניהול והקמת עירובין ומקוואות תונח תשתית חוקית להקמת תאגיד של בתי הכנסת באזור המקווה או בתוך העירוב הנדרש. תאגיד זה ינוהל ע"י נציגי בתי הכנסת באזור (כל בית-כנסת יהיה מיוצג ע"פ גודלו), ויוסמך להטיל מס מסוים על בתי-הכנסת לתפעול העירוב או המקווה.

הצעת 'אור חדש' היא חדשנית ומקורית, והיא טומנת בְּחֻבָּהּ יתרונות לא מבוטלים:

ראשית, המודל מציע פלטפורמה "עיוורת", שוויונית ודמוקרטית לחלוטין, לניהול יחסי דת ומדינה ולהתנהלותן של הקהילות, וכלל אינו מתייחס לתוכן שתיצוק כל קהילה לחייה הדתיים. התוכנית תאפשר חופש דת לכל מי שיחפוץ בכך, תגשים את האוטונומיה של הרצון החופשי, בלא התערבות משפטית או פוליטית.

שנית, יצומצם מאוד מספרן של המשרות הרבניות הממלכתיות: כמעט שלא יהיו רבנים מטעם המדינה, אלא רק מטעם הקהילות, והן שייתנו מעמד לרבנים המכהנים בהן. יצומצמו ממילא טענות על כפייה ואפליה, תוך שהמודל ישקף את רצון הציבור.

שלישית, העברת האחריות לידי הקהילות תביא לפירוקן של משרד הדתות והמועצות הדתיות, וכך הקהילות ימקסמו את הכספים לאספקת דת. תושבים המשתייכים לקהילה יוכלו לראות זיקה ברורה בין תשלום 'מס הדת' לרווחתם. בתוך כך, משהגופים מספקי השירות אינם שייכים למגזר הציבורי, קשה לראות כיצד תוכל המערכת הפוליטית-שלטונית "להשתלט" על המערכת הדתית.

רביעית, הממסד הנוכחי גורם לניכור כלפי הזהות היהודית. האינטרס של הקהילות להרחיב את שעריהן ואת פעילותיהן ולקבל חברים חדשים, יצמצם את הניכור שחשים רבים בישראל כלפי הממסד הדתי. הסברת הפנים בקהילה ותחושה של קרבה אל קהילה שהאדם שותף לה, יאפשר לקיים חיים שיש בהם יותר יהדות ופחות כפייה; ההצעה תחזיר את האחריות לחיים הדתיים של האדם לאדם, ותאפשר לו לסמוך על הממסד הדתי שיטפל בענייני הדת.

חמישית, המנגנון מייצר אינטרסים אינהרנטיים למניעת שחיתות. כאשר יוחל המודל באופן מלא, המעוניינים להתפקד לקהילה יידרשו לשלם מס וולונטרי שייקבע כאחוז מסוים מן ההכנסה. כשם שאין זיופים ברישום לקופת החולים, כך לא צפויים זיופים ברישום לקהילות. הבקרה על השחיתות תהיה באמצעות התפוקה. בתי הכנסת שתקציבם לא ינוצל לטובת הציבור יסבלו מהתמעטות חבריהם. מעשי שחיתות יצטמצמו הודות ל"כוחות השוק".

שישית, יש בתכנית כדי להביא ל"קנאת סופרים" דתית, תייצר פריחה והתגוונות דתית, תעשיר את חיי הדת ותפתח את השפע הרוחני למגזרים נוספים. יפים לעניין זה דברי הרב קוק:[184]

> "אל תפול ברוחך, חביבי, אם על פי המסורת יהיו קיבוצינו, שבאו מגלילות שונים, ושחיי הדת נתפתחו אצלם בצורות שונות, צריכים להחזיק כל אחד במנהגיו ומסורותיו, ממה שלבך יהמה: איכה תשוב אלינו האחדות הלאומית? כי שתי תשובות בדבר: האחת, אין חילוקי ההוראות והמנהגים השונים פוגמים את האחווה, בזמן שכל אחד מכבד את המסורת של חברו, ועוד יש בחילופי הגוונים משום עושר רוח, המתקבץ בצורה הרמונית בכללות האומה."

ואולם, למרות התמונה האידילית המצטיירת בהצעת 'אור חדש', לא ניתן להתעלם מהקשיים העולים ממנה:

ראשית, כאשר אנו מתייחסים לשירותי הדת כ"מוצר" שכוחות השוק (בתי הכנסת) יספקו בהתאם לפופולריות שלהם, עלול להיווצר "כשל-שוק" באשר ל"מוצרים" כגון מקווה ועירוב. בתי כנסת בעיר יתקוטטו ביניהם ולא יגיעו להסכמה בנוגע לחלוקת הנטל, ואולי גרוע מכך: כל קהילה תבנה לעצמה עירוב ומקווה מִשֶּׁלָּהּ. מי שלא יהיה חבר באותה

184 הרב אברהם יצחק הכהן קוק **אגרות הראיה** ב (ירושלים תשכ"ב), עמ' תקס"ו.

הקהילה או כל אורח מזדמן, לא יזכה ליהנות משירותי המקווה. ילד שהגיע למצוות והוריו אינם חברי קהילה – אפשר וייאלץ לשלם "מס בר-מצווה", בשביל הזכות החד-פעמית להשתמש ב"מוצר", קרי בית הכנסת.

שנית, הרעיון מזמין חריגות מנהליות, כמו למשל ניצול תקציבי הדת לעניינים אחרים לחלוטין, בלא קשר לנושאי דת, כגון קאנטרי-קלאב אשר יירשם כבית-כנסת וימנן את הבריכה וחדר הכושר באמצעות כספי הדת. גרוע מכך: עלולות לקום קהילת לא-דתיות ואפילו אנטי-דתיות, ולדרוש הכרה ב"קהילתיותן".

שלישית, 'אור חדש' מציעים מנגנון בירוקרטי ומסורבל של רישום ארצי בכל הקהילות, לצד פיקוח, בקרה, מעקב שמירת התחרות המשוכללת על-ידי מניעת תיאום מחירים והסדרים כובלים, וכן טיפול ב"כשלי-שוק" במקומות בהם העירוב או המקווה אינם מטופלים כדבעי. שירותים מינהליים מעין אלו מותירים את הבירוקרטיה על כנה – אולי אף מעצימים אותה – והטיפול באלפי קהילות, במקום עשרות מועצות דתיות, מייצר פתח רחב יותר לשחיתות ולמינהל בלתי-תקין (ושוב להסרת אחריות מצד הפרט).

רביעית, ההצעה פועלת לטובת קהילות ישנות בלבד, משום שהיא מעגנת את הקהילה סביב בית הכנסת. קהילה חדשה תצטרך לגייס הון לבניית בית-כנסת; קהילה המעוניינת להיפרד מקהילה קיימת נמצאת במלכוד – עזיבת הקהילה הישנה תותיר אותם ללא שירותי דת מחד, ומאידך בלא מועצה דתית (שהיא הכתובת לבניית בית כנסת) לא יימצא לה תקצוב, יהיו סיבותיה אשר יהיו.

חמישית, תרבות "דמי החבר" נהוגה בעיקר בקהילות אשכנזיות, ובהחלט יתכן כי התכנית תעבור "חָלָק" בקהילות אלה.[185] מנגד, קהילות ספרדיות (וכל קהילה שאינה גובות דמי חבר) תתקשינה לגייס מערך חברים ולהשריש תרבות זו. בתי הכנסת הספרדיים מאופיינים בריבוי מתפללים מזדמנים – מסורתיים בגוונים שונים – שפוקדים את בית הכנסת מעת לעת, צורכים את שירותיו, אך אינם חברים במובן השיוכי-ארגוני (השאלה שוודאי תישאלנה: מהי רמת ה"דתיות" שישקף אותו תשלום "מס דת"). הפיכת שירותי הדת ל"מוצר" תלוי דמי-חבר, תוביל במישרין לפגיעה בקהילות החלשות – שיתקשו למצוא "קונים" לרעיון, או שידי חבריה אינם משגת כדי תשלום מס.

שישית, בשיטת הקהילות לא נמצא ביטוי הולם לקהילות לא-יהודיות. לא ברור כיצד יתוקצבו שירותי הדת של מוסלמים ונוצרים, אם בכלל.

185 ראה על כך בהרחבה: יניב מגל "1,000 שקל לכסא ביום כיפור, עשרות אלפים לתפילת "כל נדרי"" **גלובס** (25.09.2012)
http://www.globes.co.il/news/article.aspx?did=1000786608

הצעות נוספות לביטול המועצות הדתיות

הצעת אורלב (2011): ח"כ זבולון אורלב (הבית היהודי), ששימש בעבר כמנכ"ל משרד הדתות, העלה ב-2011 הצעה לביטול המועצות הדתיות ותחתן להקים מחלקה עירונית לשירותי הדת בכל רשות מקומית יהודית. ע"פ הצעתו, המחלקה תמלא את תפקידי המועצה הדתית ותעניק לתושבים שירותי רישום נישואין, כשרות, עירובין, בתי כנסת, תרבות תורנית, שבת ומועדי ישראל, טהרת המשפחה ומצוות התלויות בארץ.[186] כן ממליץ אורלב כי רב העיר ייבחר במישרין על ידי מועצת העיר ולא ב"תהליך מסובך המעורר קשיים ועיכובים ושניתן לעשות בו מניפולציות וקומבינות". לשיטת אורלב, הסדר זה יפחית באופן משמעותי את החיכוך השלילי והמיותר בין נותני שירותי הדת במועצה הדתית לבין הציבור הכללי, מכיוון שהשירות יינתן ככל שירות מוניציפאלי אחר.

הצעות שטרית ואילטוב (2012): בשנת 2012 הועלו שתי הצעות חוק פרטיות דומות, האחת של ח"כ מאיר שטרית (קדימה) והשנייה של ח"כ רוברט אילטוב (ישראל ביתנו),[187] לביטול המועצות הדתיות הפועלות כיום בישראל והעברת הטיפול בשירותי הדת (היהודיים) לרשויות המקומיות, אשר תוסמכנה לגבות אגרות למטרה זו. כלל החובות והזכויות, המשפטיות והקנייניות, של המועצות הדתיות, יועברו לרשויות המקומיות. רק הסעיפים שעניינם שירותי קבורה יוותרו בחוק הקיים, ואלו יסופקו באמצעות חברות קבורה שתוקמנה על ידי הרשויות המקומיות.[188] שתי ההצעות הנ"ל לא עברו.

בתוך כך, באחרונה פורסם כי מפלגת יהדות התורה תפעל אף היא לקידום הצעת חוק לביטול המועצות הדתיות בשל כוונתה של מפלגת ש"ס לתמוך במינוי רב דתי לאומי בירושלים.[189]

---

186 זבולון אורלב "יום הזהות היהודית" **השבת צֹהר** 333 (כיום: "צֹהר לשבת", אדר א' תשע"א), עמ' 2. העלון ניתן להורדה כאן: http://upload.kipa.co.il/media-upload/tzohar2/tzohar211436-292011.PDF

187 ח"כ מאיר שטרית – הצעת חוק שירותי הדת היהודיים (תיקון – ביטול המועצות הדתיות), התשע"ב–2012, ה"ח 4049/18, הונחה על שולחן הכנסת ביום 20.02.2012; ח"כ רוברט אילטוב – הצעת חוק שירותי הדת היהודיים (תיקון – ביטול המועצות הדתיות), התשע"ב-2012, ה"ח 4151/18, הונחה על שולחן הכנסת ביום 19.03.2012.

188 בהסבירו את מהות החוק, אמר ח"כ מאיר שטרית כי "המועצות הדתיות אינן חשופות לביקורת ציבורית אפקטיבית, וגורמים שונים יכולים לפעול לקידום האינטרסים האישיים שלהם מבלי להיות נתונים להשפעת דעת קהל או גורמי פיקוח ובקרה. הגיע הזמן לשים סוף לחגיגות הג'ובים למקורבים ופוליטיזציה במועצות הדתיות" – ראה: תומר אביטל "הצעת חוק: יבוטלו המועצות הדתיות" **כלכליסט** (15.01.2012) http://www.calcalist.co.il/local/articles/0,7340,L-3558768,00.html

189 ראה: יוסי וייס "יהדות התורה תגיש הצעה לביטול כל המועצות הדתיות" **כיכר השבת** (11.01.2012) http://www.kikarhashabat.co.il/יהדות-התורה-נגד-שס-יבוטלו-המוע.htm

פרק ה': "מס כנסיה" ותקצוב מוסדות דת בקהילות היהודיות בארה"ב

קיימים שישה מודלים בסיסיים מקובלים ביחסים שבין מדינה לדת – שניים מזוהים עם דיקטטורות וארבעה מתקיימים בדמוקרטיות. המודלים הדיקטטוריים הם התיאוקרטיה והדיקטטורה החילונית-אבסולוטיסטית, בעוד הדגמים הדמוקרטיים הם ההפרדה בין דת למדינה, "הכנסייה הרשמית" (Established Church), דגם הקהילות המוכרות ודגם "הכנסייה הנתמכת" (Endorsed Church).[190] במסגרת המודלים הללו, קיימות תתי-שיטות שונות לתקצוב ומיסוד שירותי הדת – ולעיתים, בין מחוזות בתוך המדינה מתקיימים הסדרים שונים.

בין המדינות הדמוקרטיות, המדינות שיש בהן כנסייה רשמית נמצאות בקצה הדתי של הרצף הדתי-חילוני. במדינות אלה – באנגליה, סקוטלנד, פינלנד, נורבגיה, יוון וקפריסין – המדינה מכירה רק בדת אחת ובכנסייה אחת כ"רשמית" או "לאומית". מעמדה הרשמי של הדת ממוסד, והכנסייה היא במובן מסוים רשות (אורגאן) של המדינה. המדינה מעורבת עפ"י חוק בענייני הכנסייה והכנסייה ממלאת תפקידים ממלכתיים. אנגליה היא דוגמה מובהקת למדינה שבה יש כנסייה רשמית. מאז "חוק ההסדר" (Act of Settlement) בשנת 1701, המלך או המלכה באנגליה עומדים גם בראשות הכנסייה האנגליקנית. גם בן או בת זוגם חייבים להיות אנגליקנים.

בארה"ב, הידועה כמדינה שאינה עוינת דת, לא מועברים כספים לשירותי הדת, הגם שהחוקה אינה אומרת דבר מפורש על "הפרדה" וגם לא על "חילוניות" ו"ניטרליות" של המדינה (הפרדת הדת-מהמדינה בארה"ב נובעת מפרשנות שניתנה לחוקה). באיחוד האירופי, רק 7 מ-27 מדינות מעבירות תקציב לכנסיות וארגונים דתיים, והן: בריטניה, דנמרק, בלגיה, יוון, אסטוניה, בולגריה וסלובקיה. תקציב הדת הממשלתי בגרמניה,

לשמיעת דבריו של ח"כ גפני בעניין זה: ישראל אהרן "גפני מאיים: "יהדות התורה" תפעל לסגירת מועצות דתיות" **כיכר השבת** (09.01.2012) http://www.kikarhashabat.co.il/גפני-מאיים-יהדות-התורה-תפעל-לסgml.html.

190 בנימין נויברגר "דת ומדינה – הסדרים ומגמות במדינות דמוקרטיות", **שני עברי הגשר – דת ומדינה בראשית דרכה של ישראל** בתוך: מ. בר-און וצ. צמרת (עורכים) (יד בן-צבי, ירושלים תשס"ב).

שבדיה, פינלנד, הולנד, איטליה, פולין, הונגריה, שווייץ, ברזיל, סין ועשרות מדינות נוספות עומד על 0.[191]

בגרמניה, דנמרק, שוודיה, אוסטריה, איטליה ושווייץ שירותי הדת נתפשים כמוצר שהאזרח יכול להחליט אם ברצונו לצרוך ולממן. למעוניינים בכך, מוטל מס נפרד הנקרא "מס כנסייה", שנגבה על ידי המדינה מתושביה, בהתאם להכנסתם (ברוב המדינות המס הוא 1%-2% מההכנסה החייבת במס).[192] הכספים המתקבלים בו מועברים ספציפית לקהילה הדתית שאליה משתייך האזרח-נישום לפי הצהרתו ומשמשים למימונה. ברוב המדינות מס זה הוא עיקר התקציב של הקהילות הדתיות, והמדינה משתתפת בחלק קטן מהתקציב. בדרך זו מאפשר מס הכנסייה עצמאות תקציבית לקהילות הדתיות, המנותקת משיקולים פוליטיים משתנים. בחלק מן המדינות, למשל בגרמניה, שוודיה ופינלנד, הנישום יכול להצהיר כי כלל אינו משתייך לקהילה דתית, ובמקרה זה לא יחויב עוד במס.

המודל של 'אור חדש' שאוזכר לעיל, מאמץ מודל דומה למודל הגרמני בכל הנוגע למימון שירותי הדת (אם כי חסר בו הסדר ברור בדבר מימון של שירותי קבורה או שירותים ספציפיים אחרים הנדרשים על ידי הציבור). הוראות סעיף 137 לחוקת ויימאר (1919-1933), אשר עוגנו בסעיף 140 לחוק-היסוד הגרמני (Grundgesetz), משתקפים היטב במודל שהוצע בפרויקט 'אור חדש', כאמור לקמן:[193]

> "There is no state church.
>
> Freedom to form religious communities is guaranteed. Regarding the unification of religious communities within the Reich territory there are no limitations.
>
> Every religious community administrates its own affairs without interference of state or community. [...]

191 Michaela Moravčíková and Eleonóra Valová FINANCING CHURCHES AND RELIGIOUS SOCIETIESIN THE 21ST CENTURY, pp143-146

192 ראה: L. Bloß, "European Law of Religion – organizational and institutional analysis of national systems and their implications for the future European Integration Process" *Jean Monnet Working Paper* 13/03 (New York, 2003). המאמר פורסם כאן: http://centers.law.nyu.edu/jeanmonnet/archive/papers/03/031301.rtf.

193 לתרגום לאנגלית של חוקת ויימאר: http://www.zum.de/psm/weimar/weimar_vve.php
לתרגום לאנגלית של חוק-היסוד הגרמני (Grundgesetz): https://www.btg-bestellservice.de/pdf/80201000.pdf
ראה גם: David P. Currie, The Constitution of the Federal Republic of Germany (University of Chicago Press, 1994), 412

Religious communities with the status of public corporations are entitled to raise taxes based on fiscal records and in accordance with state regulations.

Religious communities are given equal status with civic organizations which cultivate a philosophy of life."
(ההדגשות נוספו)

חוק היסוד הגרמני אוסר על קיומה של מדינת כנסייה (Staatskirche). עם זאת, לארגונים דתיים נתונה הסמכות להטיל מס על חבריהם למטרות דת. המניע להפרדת הדת מהמדינה לעבר מודל קהילתי, נעוץ ברצון למנוע התערבות – מצד הממשלה או מצד גורמים ממשלתיים שאוישו בתוך המערכת הכנסייתית – בניהול ענייניה הפנימיים של הכנסייה. במילים אחרות, הכנסייה ביקשה להגן על עצמה; הממסד הדתי הבין כי יצירת חיבור ממסדי כלשהו עם המדינה עלול לפגוע בו.

בספרו "עושר העמים", הניח אדם סמית (1723-1790) את הבסיס לתיאוריה הכלכלית של מוסדות הדת. סמית טען כי אינטרס אישי מניע את אנשי הדת בדיוק כפי שהוא מניע יצרנים חילוניים, ושכוחות השוק משפיעים על הכנסיות בדיוק כפי שהם משפיעים על חברות חילוניות. עוד טען כי יתרונות התחרות, נזקי המונופול וההתערבות הממשלתית משפיעים על הדת בדיוק כפי שהם משפיעים על שאר המגזרים הכלכליים השונים.[194]

ארה"ב לא התחילה את דרכה כמדינה המצדדת בחופש דת. שאיפתם של האבות המייסדים, שהגיעו לארה"ב והשתייכו למגוון רחב של זרמים דתיים, הייתה שהזרם הדתי אליו כל אחד מהם השתייך, יקבל מעמד מועדף מטעם המדינה. האמונה בתנ"ך ובברית החדשה הייתה נחלת רבים – הנשיא הרביעי ג'יימס מדיסון (1751-1836) ידע עברית תנ"כית על בוריה[195] – וחברי קונגרס אף הציעו באותם ימים כי השפה העברית, שפת הקודש, תהא שפתה הרשמית של ארה"ב.[196] פוליטיקאים ואנשי הכמורה התייחסו לרעיון הפרדת הדת מהמדינה כאל דבר שיערער את ריבונות המדינה ויאיים על המשך קיומה של הכנסייה.

194 דבריו של אדם סמית, כפי שהובאו ב:
Laurence R. Iannaccone, "The Consequences of Religious Market Structure: Adam Smith and the Economics of Religion," *Rationality and Society* 3(2) (April 1991), p. 156.

195 ראה: Mike Crapo "Our Proud American Legacy" *The News-Examiner (2007)*, pp. 4

196 Ken Spiro, "The amazing story of Jewish influence on the founding fathers of American democracy" **aish** http://www.aish.com/jl/h/cc/48955806.html

הפרדת הדת מהמדינה בארה"ב ארכה עשרות שנים ונבעה בעיקר מהקושי להנהיג אחידות דתית בקרב אוכלוסייה מגוונת של מהגרים, שהתפרסה על פני אזורים רחבים. כאשר הסתיימה הפרדת הדת מהמדינה, השלכותיה עשו את ההיפך ממה שהיינו מצפים: מספר חברי הכנסייה גדל באופן משמעותי, וב-1980 כ-60% מהאוכלוסייה בארה"ב השתייכו למוסדות דתיים כלשהם.[197] זרמים דתיים מסורתיים, שנהנו מתמיכה ממשלתית, איבדו את נתח השוק שלהם לטובת זרמים דתיים חדשים יותר. הזרמים החדשים-עכשוויים (הן בנצרות והן ביהדות) הפגינו להיטות, שקדנות, יצירתיות ומעוף תרבותי, שהקנו להם יתרון משמעותי בהשגת נתח שוק, כפי שחזה אדם סמית.

המסקנה בארה"ב היא, אפוא, כי הפרדת הדת המדינה ויצירת שוק דת תחרותי ונטול מעורבות ממשלתית, עלולה דווקא להגביר את מידת הדתיות של האזרחים, לפתוח את השוק ל"יזמות דתית" ולהתחרות על ליבם של מאמינים; לא בכדי, צריכת שירותי הדת בארה"ב היא מהגבוהות בקרב המדינות המערביות המפותחות.

מודל הקהילות היהודיות בארה"ב

הפער התרבותי בין היהודים בישראל ליהודי הגולה בא לידי ביטוי בראש ובראשונה בתפיסת הדת וההשתתפות הדתית. בארה"ב, שירותי הדת אינם ממומנים על ידי המדינה כי אם מכספי המגזר הפרטי באמצעות מנגנון גבייה יעיל, ללא מעורבות ממשלתית. חרף זאת, מרבית הקהילות היהודיות מצליחות לספק את צרכי הקהילה תוך שמירה על עצמאותן.[198] המבנה הקהילתי שהקימו היהודים משוכלל יותר מאשר אצל כל קהילה אתנית אחרת. פרט לבתי כנסת מקיימות הקהילות מוסדות חינוך, בריאות, שירותים סוציאליים, מרכזים קהילתיים, בתי קברות, הדפסת כתבי-עת וכיו"ב. מי שחשקה נפשו להיות חבר באחת מ-3,728 הקהילות היהודיות הפזורות בארה"ב, משלם דמי חבר לקהילה ובנוסף קונה כרטיס השתתפות לחגים בהם קיים ביקוש גבוה לכסא בבית הכנסת, ובעיקר בראש השנה ויום כיפור.[199] ההשתייכות לבית כנסת זה או אחר מעידה

---

197 דווח על גידול של 200% במספר האנשים הנוטלים חלק פעיל בכנסיה בפרק זמן 130 שנה, ועל גידול משמעותי במספר הכמרים. במאמר למטה הובאו בהרחבה המניעים החיוביים באי-התערבות באספקת שירותי הדת, ראה:
Laurence R. Iannaccone, Roger Finke and Rodney Stark, "Deregulating Religion: The Economics of Church and State," Economic Inquiry (April 1997), pp. 357.

198 שלומית יהלום **יהדות ארצות הברית ושאלת ההפרדה בין כנסייה ומדינה** (1981).

199 נתוני מספר הקהילות נתונים למחלוקת שכן הם חופפים לשאלה מהו בית כנסת. הנתונים מבוססים על מחקר שקיימה הממשלה האמריקאית ושעיקריו מופיעים כאן:
Joe Berkofsky, "Synagogue Study Offers Fresh Data, but Few Surprises After Half-Century" *The Jewish Federation* - http://www.jewishfederations.org/page.aspx?id=31674

על מאפיינים שונים של המשתתפים, ביניהם הזהות הפוליטית והיהודית, המקצוע, רמת ההכנסה, רמת הדתיות ומידת ההתבוללות.[200]

מבירור עם קהילת Lincoln Square Synagogue במנהטן, עולה כי מספר המשפחות החברות בקהילה עמד בשנת 2012 על 680.[201] למעט גרעין של כ-100 משפחות אורתודוקסיות, יתר חברי הקהילה הם חילוניים הפוקדים את בית הכנסת עד חמש פעמים בשנה.[202] במחקר שנערך בשנת 1970 בקרב יהודי ארה"ב, 47% מתוכם טענו לחברות בבתי-כנסת שונים.[203] בהשוואה לארה"ב, מספר החברים בקהילות הדתיות בישראל הוא זעום ביחס לאוכלוסייה. הסיבות לכך רבות ומגוונות, אך דומה כי התושבים בישראל הורגלו לקבל שירותי דת בחינם, ואינם מוצאים צורך לשלם עבורם או להיות חבר בקהילה המספקת אותם.

בלא להרחיב את מלוא היריעה אודות הקהילות היהודיות בארה"ב, הסובלות אף הן מבעיות וקשיים מרובים, ברור הוא כי הקיום העצמאי שלהן ללא כל התערבות או תמיכה ממשלתית, תוך הקמת מנגנוני ערבות הדדית ומפעלי צדקה מרובים, הוא עדות לכך שניתן לייסד חיים דתיים תרבותיים וחברתיים גם בלא תמיכה ממשלתית.[204] ואולם, חשוב להדגיש, כי אין דין קהילה בחו"ל לדין קהילה בארץ. ישראל היא מדינה יהודית, שתושביה הורגלו לקבל שירותי דת בחינם. היהודי בגולה מבקש לעצמו קהילה – אולי בעיקר – כחלק מרצונו לבדל עצמו מסביבתו הלא-יהודית ולהשתייך למוסד חברתי, לאו דווקא דתי; המנטאליות הישראלית אינה מתכנסת סביב מוסדות ומבנים קהילתיים, אלא מתגבשת במסגרת הווי חברתי מקומי; ועוד.

---

200 שמואל רוזנר **שטעטל בייגל בייסבול, על מצבם הנורא והנפלא של יהודי אמריקה** (הוצאת כתר, 2011), עמ' 270-246.

201 המחבר נסע לשנת שליחות בארה"ב בשנת תשס"ח. הדברים המובאים בהקשר להתנהלות הקהילות בחו"ל מבוססת, בין היתר, על היכרות וניסיון. ראה גם: Susan L. Porter, "The Synagogue in America, A Short History" *American Jewish History* 96 (December 2010), pp. 312-314.

202 כאשר שאלתי את אחת המתפללות מדוע היא משלמת דמי חבר במשך 30 שנה, אף שאינה פוקדת את בית הכנסת לעולם, היא ענתה: "אם וכאשר מישהו במשפחתי ימות אני רוצה לדעת שיש לי למי לפנות ולהזמין שירות קבורה". להרחבה אודות קהילת Lincoln Square Synagogue, ראו: Edward Abramson and Edward E. Abramson, *A Circle in the Square: Rabbi Shlomo Riskin Reinvents the Synagogue*, 2008, Urim

203 ראה: Daniel J. Elazar, The Demographics of Jewish Religious Identification, *Jerusalem Center for Public Affairs*
המאמר מתפרסם כאן: http://jcpa.org/dje/articles2/demographics.htm

204 בישראל, יצוין, ישנן קהילות שמתנהלות במפגיע בלא כל תמיכה ממשלתית, "נטורי קרתא" וכן קהילת סאטמר ומספר פלגים נוספים.

פרק ו': דבר הלמד מעיקרו ודבר הלמד מסופו

השיח הדתי-חילוני התוסס בישראל, עורר כאמור הצעות רבות לייעול והחלפת מנגנוני אספקת שירות הדת. ניתן לסווג את ההצעות שראינו עד כה לארבע גישות מרכזיות:

הגישה **האחת**, השמרנית, לפיה **אין** לבטל את המועצות הדתיות אלא לייעל אותן ולבצע בהן שינויים ניהוליים, נתמכה בוועדת צדוק ובהצעה הראשונה של "נאמני תורה ועבודה".

בגישה **השנייה**, הגורסת כי **יש** לבטל את המועצות הדתיות, ותחתן יסופקו שירותי הדת באמצעות הרשויות המקומיות – ברמות אספקה משתנות מגישה לגישה – אוחזים מתווה ביילין, ההצעה הראשונה של התנועה הרפורמית, החלטת הממשלה 900 משנת 2003 והצעות החוק של יונה יהב, מאיר שטרית ורוברט אילטוב.

הגישה **השלישית**, לפיה **יש** לבטל את המועצות הדתיות, ובמקומן לייסד רשות ארצית צנטרליסטית-מרכוזית של שירותי הדת, מאופיינת בהצעת החוק של ח"כ גפני, אמנת גביזון מדן והצעת לוי-בן דהאן.

הגישה **הרביעית**, המודל הקהילתי, מפקיעה לחלוטין את האחריות המוסדית לסיפוק שירותי הדת לטובת "כוחות השוק" בקהילות השונות, הוצעה במסגרת פרויקט 'אור חדש' ובהצעה השנייה של התנועה הרפורמית, והיא מקבילה למודל בארה"ב (הפרדה מוחלטת) ובגרמניה (הפרדה חלקית באמצעות מס דת). יצוין כי גם היישוב היהודי של לפני קום המדינה התאפיין במידה גבוהה של וולונטריות וקהילתיות, וזאת ללא כל ממשל מרכזי שיכפה זאת עליו.[205]

המחלוקת העיקרית בין הגישות, נוגעת למעמדם של שירותי הדת בעיני המציע; מצד אחד של המתרס מצויים אלה התופסים את שירותי הדת כבעלי אופי טכני (הדת כמוצר אחיד), ומנגד יש התופסים שירותים אלה כמוצרים חברתיים-ערכיים המשתנים בין חברות וזרמים. חסידי ה"רשויות הארציות" לשירותי דת, רואים בשירותי הדת 'מוצר' הומוגני אותו צריך לספק ושיש עניין להרחיקו מכל מוקד חיכוך אפשרי – מוסרי, אתי, אידיאולוגי, פוליטי או כספי – שכן אלה נחשדים, במידת מה של צדק, בערבוב שיקולים שאינם ממין העניין בהליך אספקת שירותי הדת. מנגד, מצדדי הגישות המקומיות –

205 ראה לעניין זה: מאיר אביזוהר "על שורשיה הרעיוניים של מפא"י" בתוך: הקמת מפלגת פועלי ארץ ישראל וגיבוש דפוסי המנהיגות ביישוב היהודי בארץ ישראל **קתדרה** 23 166 (אפריל 1982).

וביתר שאת הקהילתיות – רואים בשירותי הדת שירות בעל גוונים משתנים (עם "נשמה") המשתנה על פי ההטרוגניות החברתית המצויה במרחבים התרבותיים השונים.

מדוע על המדינה לצמצם מעורבותה בטיפול בשירותי הדת?

בחיבורי כאן אין כמובן כוונתי לשלול כל מעורבות של המדינה באספקת שירותי הדת, או להביע הסתייגות מהרציונלים התומכים בכך. עם זאת, ברצוני למנות כמה מהנימוקים נגד מעורבותה של המדינה באספקת שירותי הדת, ובייחוד נגד האופן המנוון שבה הם מתנהלים בישראל: זו המונעת לחלוטין על ידי גורמים פוליטיים, שאימצה לה נורמה מהסוג של 'הזוכה (במשרד הממשלתי) – לוקח את כל הקופה'.

ראשית, השיח על שירותי הדת בישראל מתקשר במישרין לסיאוב ושחיתות. הדבר גורם לחילול השם ולהוצאת שם רע על המגזר הדתי כולו. צמצום מעורבותה הישירה של המדינה באספקת הדת תרכך את העוינות והדעות הקדומות כלפי הדת ומחזיקיה.

אמת, המלחמה בתקציב היא לעיתים אליבי לאנטי-דת. תופעות אנטי-דתיות ימצאו להן מהלכים בציבוריות הישראלית, גם אם התקציב לשירותי דת היה אפס. ועם זאת, הטענה לפיה 'ממילא ישנאו את הדת', אינה יכולה להצדיק התעלמות מהקשיים שמעוררות המחלוקות בענייני דת ומדינה, כתוצאה ממימון הדת. ביטוי חריף לכך השמיע הלברטל:[206]

> "החיבור בין הפוליטיקה לדת הוא מעגל חוזר של פגיעה מוסרית ושנאת אחים. הממסד הדתי משחית את מרקם המדינה והמדינה משחיתה את רקמת הדת, וחוזר חלילה... הגיע הזמן לומר די: די למפלגות הדתיות; די לתופעה המבישה של התעסקות בתקציבים לצרכים עצמיים ובהתעלמות מהמדינה ומהעולם; די להשחתה המוסרית והאסתטית של הדת, די לכפיית חוקים על ציבור שאינו מאמין בהם"

שנית, אופן תקציב המימון עצמו מושפע משיקולים פוליטיים ארעיים, אינו מספק את צורכיהן של חלק מהקהילות, אינו קבוע וברור, ומביא לתרעומת רבה בקרב שכבות רבות של הציבור.

שלישית, מהניסיון העולמי שנצבר בתחום הדת, עולה כי התערבות פטרנליסטית ממשלתית בתחום הדת מביאה לירידה ברמת הדתיות של התושבים ולצריכה פחותה של

---

206 דב הלברטל "כן, להפריד" **הארץ** (21.12.2010) http://www.haaretz.co.il/opinions/1.1236337

שירותי דת. למרבה האירוניה, מדינות דמוקרטיות שמצהירות על דת רשמית, ומספקות לה מעמד מועדף מתוך כוונה לחזק אותה, בסופו של דבר מערערות את מעמדה. באותו אופן, במדינות שהפסיקו את המעורבות הממשלתית בתחום הדת חלה עלייה בצריכת שירותי הדת ובמספר המשרות של אנשי הדת. שלטון המדינה בכוחו לסרס את הדת, כפי שאמר בן גוריון: "אתה דורש את הפרדת הדת והמדינה כדי שהדת תשוב להיות גורם עצמאי אשר השלטון המדיני יצטרך להתמודד עמו. אני שולל הפרדה זו – אני רוצה שהמדינה תחזיק את הדת בידה".[207]

רביעית, לא די בכך שהמדינה אינה ממתנת את השסע והפירור החברה, אלא מפמפמת אותם באמצעות הזרמת כספיים שנויים במחלוקת. במקום לייצר פתרונות מאחדים ומקרבים בין הקהילות השונות, המדינה ממלאת תפקיד אקטיבי בהרחקתן, והחרפת הקיטוב בין המגזרים השונים. ולא רק שהפערים אינם נמוגים, אלא רק הולכים ומתעצמים.[208] תמיכה הנכפית ונתמכת באופן אפקטיבי ומוחצן על ידי המדינה, מסייעת לבסס ולחזק דעות שליליות וסטראוטיפים בין המגזרים בישראל.

חמישית, השירותים המועטים הניתנים ע"י המועצות הדתיות יכולים להינתן ביעילות רבה יותר ע"י המגזר הפרטי. התעקשותה של מדינת ישראל לממן ולספק שירותי דת לאזרחיה הביאה לכך שיסופקו שירותים ירודים במחיר גבוה ביחס לאיכותם. כמו-כן, נראה כי ציבור רחב אינו חפץ בשירותים הממלכתיים, ומספק אותם לעצמו באופן פרטי, כשם שהוא מספק לעצמו שירותים דתיים שאינם ניתנים באופן ממלכתי, כדוגמת הקמת בתי-כנסת ותפעולם וביצוע ברית-מילה.

שישית, מימון הדת הוא במקרים רבים אמצעי המשמש להפלות בין קבוצות דתיות, לאומיות ותרבותיות. הפקדת סמכויות בידי גורמים אינטרסנטיים, מאפשר לתעדף קבוצות שונות בתקציבים, בסובסידיות ובהטבות שונות.

---

207 ראה: ישעיהו ליבוביץ **יהדות עם יהודי ומדינת ישראל** (ירושלים תשל"ז), עמ' 173, בהערה שם.

208 ביטוי לפערים ולשסעים בחברה הישראלית בהקשר של דת ומדינה ניתן למצוא במדד הדת והמדינה שמפרסמת תנועת חדו"ש. מהממצאים לשנת 2012 אלה עולה, כי 56% מהציבור היהודי תומכים בהפרדת הדת מהמדינה. 71% מהציבור סבורים שהמתח בין חרדים לחילונים הוא הקשה ביותר או השני בחברה הישראלית. 67% מהציבור היהודי סבורים שהפעילות הציבורית והפוליטית של נציגי המפלגות החרדיות בכנסת מרחיקה את הציבור הרחב מהיהדות. ראה: עמותת חדו"ש "מדד הדת והמדינה 2012" **דין וחשבון** (ספטמבר 2012). הדו"ח נמצא באתר האינטרנט של התנועה: http://hiddush.org.il.

הצעתי: חיזוק השלטון המקומי באספקת שירותי דת

בשנים האחרונות אנו עדים לחיזוק מעמדה של הרשות המקומית בשורה ארוכה של תחומים. ענייני חברה, חינוך, רווחה, תשתיות, תכנון ובנייה ועוד – עוברים בהדרגה מהשלטון המרכזי לשלטון המקומי. יש בכך היגיון רב, ואין סיבה ששירותי הדת ייפקדו ממגמה חיובית זו.

השלטון המוניציפאלי, בניגוד לשלטון המרכזי, אינו תופס את ה"חברה" כמספר קבוצות בדידות שלכל אחת מהן סולם ערכים אחיד. הרשויות המקומיות אוחזות במגנומטר חברתי; בתחומן אוסף של עשרות קהילות שונות, והאינטרסים של כל קהילה מעניקים את היכולת לפלח באופן מדויק יחסית את מאווייהן ורצונן, ולהיות סבלני כלפי השקפותיהן השונות. העצמת השלטון המקומי מהווה מקור לחוזק ולא חולשה, ומעניקה לפרטים חופש פעולה רחב יותר ביחס למרקם החיים סביבם.[209]

כיצד הכריעה מדינת ישראל מה ראוי לתקצוב ומה לא? מִי יִשָּׁפֵל וּמִי יָרוּם? בהיעדר חוקה או כל מסמך מכונן אחר, התקציב שאפיין את מערכת הערכים הלאומית נקבע באמצעות המנגנון הפוליטי, כנגזרת ישירה מהרוח הסיעתית אשר נשבה אותה השעה. ואולם, הלכה למעשה, אין מערכת ערכים אחת משותפת לכל הקבוצות באוכלוסייה בשורה ארוכה של נושאים, וגם אין סיבה שתהיה. טלו את הציבור הדתי-לאומי; הוא לבדו אוחז בכמה השקפות ותתי-השקפות לגבי ערכים כמו דת ומקומה בחיי היום-יום, חינוך ומשפחה. הניסיון לקבע מערכת ערכים אחידה ולהכילה על כלל האוכלוסייה יצר מצב בו הקבוצות השונות נאבקות במסגרת המשחק הפוליטי על "ערכיה" של המדינה, ועל הטבות וטובות הנאה למגזרים אותם הן מייצגות. עצם ההתייחסות השונה לכל קבוצה וקבוצה על פי תכתיבי המשחק הפוליטי יצרה פתח לעיוותים קשים במעמדן האזרחי של קבוצות מסוימות. לאורך השנים הובילה גישה זו, באמצעות המשחק הפוליטי ליצירת מעמדות שונים בחברה, ולהשתלטות על מוקדי כוח ויצירת מונופולים בחסות המדינה.

על יסוד האמור, נקודת המוצא לדיון היא שראוי להעצים את הרשויות מקומיות. מלבד הסיבות הכלליות התומכות בכך,[210] קיימות סיבות מיוחדות מדוע להעצימן דווקא

209 תלמוד בבלי, מסכת ברכות, דף י"ז ע"ב.

210 סיבות אלה כוללות בין היתר הגברת התחרות באספקת שירותים וטובין ציבוריים, השאת היעילות הכלכלית, הגברת החירות השלילית של הפרטים לבחור לעצמם את סביבתם הנורמטיבית, העצמה דמוקרטית ופלורליזם תרבותי – ראה: ישי בלנק "ממלכתיות מבוזרת: שלטון מקומי, היפרדות ואי-שוויון בחינוך הציבורי", **עיוני משפט** כח(2)347 (2004), עמ' 361-364; בלנק ורוזן צבי, לעיל ה"ש 64, עמ' 59-65, 75-87, 113-117

בתחום הדתי. הסיבה העיקרית היא חופש הדת עצמו. שירותי הדת סובלים מריכוז ניכר: המשרד לשירותי דת שולט באופן מרכזי בשירותי הדת ומשרד הפנים מפקח על אכיפת איסורים דתיים שונים. משרדים אלה נשלטים באופן כמעט קבוע על ידי הזרמים החרדיים, המאיישים את הדרגים והפקידות באנשים מטעמם, ובכך מיישמים את תפיסת עולמם. העברת השליטה לרשויות המקומיות טומנת בחובה את הפוטנציאל שקהילות מקומיות יוכלו לבטא את חופש הדת שלהן באופן פעיל יותר – משום שערכים, אמונות, דוגמות, הגיונות או אידיאלים, הם מרכיבים סובייקטיביים שהרשות המקומית רגישה אליהם יותר מזו הארצית. בגישה זו, אין שום פסול בשאיפת התושבים המקומיים להשתמש בכספי ציבור לטובת בניית בתי כנסת, או לחילופין לבניית תיאטראות ומופעים לציבור – ואפשר, כמובן, את שניהם, תוך מציאת האיזון הראוי ביניהם בתוך הרשות המקומית. הן תוכלנה להקצות כספי ציבור – שממילא מוקצים לפעילות דתית אולם ההחלטה על השימוש בהם נעשית ברמת השלטון המרכזי – לפעילות הדתית המועדפת עליהן; להחליט אם הן זקוקות לרב עיר אם לאו; לקבוע האם מתאים להן ערב פיוטים או קונצרט חזנות; להכריע כי מוטב להקדיש כספים לפעילות של דיאלוג בין דתי מאשר להרצאה על חזרה בתשובה.[211]

העברת האחריות על שירותי הדת לידי הרשויות המקומיות, תאפשר לזרמים לא אורתודוקסיים באזורים שיש ביקוש להשקפותיהם ולמטען הדתי אותו הם נושאים, לקבל תמיכה – כזאת שלא תהא בדרך של הכפפת המערכת על ידי פסיקה שיפוטית (כפי שנעשה בדרישה למינוי רב רפורמי), אלא מתוך עניין אמיתי ורצון להשתלבות דתית-קהילתית במרקם החברתי המקומי.

הטענה כאן היא, אפוא, אינה וריאציה כזאת או אחרת להפרדת דת ממדינה. אדרבא, יש מקום חשוב במדינה יהודית שכספים ציבוריים ישמשו לצרכי דת, וחלקם לפחות, אלו צרכים בסיסיים שהמדינה צריכה לספק או להשתתף בסבסוד שלהם, בדומה לאופן שהיא מתקצבת צרכי תרבות, תחנות שידור ושורה ארוכה של מוסדות וגופים שחלקו המוחלט של הציבור אינו שותף להם. בְּשַׁוּוֹתֵנוּ נגד עינינו כל אלה, ראוי לזכור ולהזכיר כי מקצת הביקורת על שירותי הדת שנאמרת תוך הבעת זלזול הזה בצרכים הדתיים, במעין אמירה של "כלל הציבור אינו נהנה משירותים אלה, תממנו זאת בעצמכם", היא ממילא מופרכת מן היסוד, משום שגם המגזר דתי מממן כאמור אינספור שירותים שאינם לרוחו.

211 ישי בלנק "איים של פלורליזם: היפרדות ושילוב בין דתיים וחילונים בישראל" **דין ודברים** ו 85 (2011), עמ' 132.

סיכומו של עניין, המועצות הדתיות פועלות במסגרות מוניציפאליות, וחלק נכבד מתקציבן ממילא מגיע מקופת השלטון המקומי. אין סיבה שכספים אלו לא ישקפו נאמנה את רצון ומרקם התושבים. לכן, על המדינה צריכה להפחית למינימום את התערבותה במיסוד הדת, והרשות המקומית צריכה לשאוף למקסום תקציביה (וכספי המועצות הדתיות, כמובן) בהתאם לרצון ושאיפת תושביה – במידתיות ובסבירות – יהא רצונם אשר יהא.

שקלול המודלים לאספקת דת והאיזון שבין השלטון המקומי למרכזי

במישור התיאורטי נראה שאין גבול להצעות שיהפכו את אספקת שירותי הדת ליעילים, מקצועיים ועצמאיים. העלאת רעיונות היא החלק הפשוט יחסית; החלק המעשי – הוא המורכב והסבוך יותר. די להזכיר את הכישלון המהדהד ב-2003 לסגור באבחת גרזן את משרד הדתות ואת המועצות הדתיות. לפיכך, יש לערוך בחינה מושכלת לפני כל הצעה – תוך שקלול היתרונות, החסרונות, העלות, התועלת והאפקטיביות. במסגרת חיבורי, אבקש להציע כמה קווים מנחים כלליים לסיכום הדיון עד כה, ומציאת הצד שבהם.

ראשית, על סמך האמור לעיל, נראה כי המודל הרצוי לגוף האחראי על אספקת שירותי דת (יהא שמו אשר יהא) הוא מודל שיבטיח **מקסימום עצמאות ומינימום תלות** – במישור הניהולי, הארגוני, המקצועי והתקציבי. יש לחתור לצמצום המעורבות הפוליטית במועצות הדתיות ולחתור למזעור ניגוד העניינים שהן מצויות בו תדיר.

שנית, בלא להידרש לשאלה מי יהיה הגורם שיתפעל את שירותי הדת, יש להפעיל כלים מינהליים, משמעתיים וכלכליים, כדי לייצר בקרה ופיקוח אפקטיביים – הן בשל עקרונות המינהל התקין והן בשל העובדה כי שירותי דת לקויים פוגעים בדתם, מצפונם ותרבותם של שומרי הדת. הטלת אחריות אישית בגין סטייה מהשורה, והפעלת עיצומים כלכליים, דוגמת הליך "החיוב האישי", המופעל בהצלחה לא מבוטלת [אך עדיין באופן לא מספיק] ברשויות המקומיות יכולים להביא לצמצום ההסתאבות במועצות הדתיות.[212]

---

212 בהתאם לתקנה 29א לתקנות שירותי הדת היהודיים (ניהול מועצות), התש"ל-1970, מוסמך השר לזקוף כל הוצאה בלתי חוקית לחובתו של כל אדם שהוציא אותה או הרשה להוציא אותה (חיוב אישי), ובדעת המשרד להשתמש בכלי זה במקרים חריגים. ראה לעניין זה סעיף 789 לחוזר מנכ"ל המשרד לשירותי דת עב/1 (תשע"ב), עמ' 22, המתפרסם כאן: http://www.dat.gov.il/NR/rdonlyres/76DF87A2-B90E-4BBD-87FD-47551E6BCC42/0/122011.pdf

שלישית, החוק הקיים מעניק דרגות חופש רבות מדי לשר הדתות לשליטה על המועצות הדתיות, עד כדי עיקורן המוחלט. כך, למשל, יכול השר לעכב חודשים ארוכים את הרכבת המועצות הדתיות ולפגוע בשירותי הדת. כדי למנוע מצב זה ולהבטיח כי המועצות הדתיות תשרתנה את צרכי התושבים המקומיים, מן הראוי לנתק את החיבוק הפוליטי שמקבלות המועצות הדתיות.

על גבי הרעיונות שהובאו לעיל ניתן להדגים כיוון חשיבה כללי לפתרון הבעיות של מערך אספקת הדת. ראשית, יש להבחין בין סוגים שונים של שרותי דת:

1. **שירותי דת ארציים**: אלה שירותים שאספקתם נעשית ברמה המקומית, אך הפיקוח והתפעול שלהם מצריכים מערך ממלכתי-ארצי, ומטבע הדברים, יש קושי להפקירם בידי השוק הפרטי – והם: כשרות ושחיטה, גיור, בתי דין, קבורה.
2. **שירותי דת מקומיים**: אלה הם שירותים הממוקמים בדרך כלל בקרבת מקום לאזרח, הנצרכים במסגרת קיום אורחות חיים דתיים – והם: הקמת בית כנסת, פעילות תרבות תורנית, רבנות מקומית, מקווה, עירוב. וכן איסורים שונים: חנויות לממכר חזיר, פעילות בתי עסק, סגירת כבישים ועוד.
3. **שירותי דת אישיים**: אלה שירותי דת פרטניים, שהם אמנם נקודתיים באופיים אולם אין להם בהכרח מוקד גיאוגרפי מוגדר – נישואין וגירושין, מילה וייעוץ הלכתי.

כל אחד מרשימת השירותים שהועלו זכה לעשות ספרים הרבה. ה"רפורמות" "התכניות" וה"הצעות" בתחומים אלה עולים תדיר ונגנזים על מזבח ההיסטוריה. שירותים אלה אינם חולקים מכנה משותף אחד, על אף שכולם באים בשערי "שירותי הדת". יש הבדל משמעותי בין שירותים בעלי מאפיינים ארציים לבין שירותים שאופיים בעיקרו מקומי.

שירותים ארציים

<u>**כשרות**</u>: מחקרים מראים כי רוב נכבד מקרב יהודי ישראל שומרים לפחות באורח מזדמן על כמה היבטים של כשרות, ואחוז גבוה של יהודי ישראל מקפידים לשמור על כשרות מלאה.[213] חרף העובדה כי במגזר הדתי והחרדי חלק לא מבוטל עורך אבחנה בין נותני הכשרות, מרבית הציבור סומך על כל כשרות שהיא. בימינו כמעט ולא ניתן להעניק

ראה גם: היועץ המשפטי לממשלה **פתיחת הליך חיוב אישי של נושא משרה ברשות מקומית נוכח ממצאי חקירה פלילית**, הנחייה 8.2000, עמ' 1 (2001; עודכן 2003); וכן: הכנסת – מרכז המחקר והמידע **חיוב אישי של נושאי תפקידים ברשויות המקומיות** (2007).

213 שלומית לבי, הינה לבנסאהן, אליהו כתז "**אמונות, שמירת מצוות ויחסים חברתיים בקרב היהודים בישראל**" מכון קוטמן למחקר חברתי שימושי (1993), עמ' 3

כשרות ללא מערכת של הנדסת מזון הבודקת את הרכיבים. לגבי ייבוא מזון – על אחת כמה וכמה. קשה לראות גוף מקומי, אפילו גדול ומשמעותי דוגמת עיריית ירושלים, שיכול לאכוף ולהנהיג מערכת כשרות יעילה.[214] הַעֲסָקָה מקומית של אינספור משגיחי כשרות עלולה להיות לנטל על קופתן המידלדלת של הרשויות המקומיות, בנוסף להיעדר אחידות בכשרות. כמו כן, בעוד שהיצרן עשוי להיות קשור לאזור מסוים – הצרכנים באים מכל קצווי הארץ, ומפעליהם של חברות מזון רבות פזורים בכמה אזורים שונים. לפיכך, יש צורך בגוף ארצי, גדול, עם שיניים, שיהווה גוף תקינה מרכזי בנושאי כשרות (בדומה למכון התקנים) ויעסוק באיסוף מידע ובקביעת סטנדרטים, וכן באכיפה ובקרה על הגופים הנותנים כשרות בפועל. הצעות שונות להפרטה וביזור מערכת הכשרות – לרבות הצעת חוק להפרטה מוחלטת של שירותי הכשרות – נדחו, במידה רבה של צדק.[215] דומה כי להנהגת מערכת ארצית, אחודה – אם ברמת הפיקוח ואם ברמת ההשגחה בפועל – אין תחליף ברמה המקומית.[216]

<u>גיור</u>: הניסיונות החוזרים ונשנים של קבוצות לא-אורתודוקסיות להשפיע על מהלך הגיור בישראל, נעשה באמצעים משפטיים – שמעצם טיבם גורפים התעניינות תקשורתית – אך אינם בהכרח משקפים את הלך הרוח בישראל, שהוא, גם בקרב חילונים גמורים, אורתודוקסי ביסודו.[217] גיור שאינו ממלכתי יוליד ספרי יוחסין (יהודים מסוגים שונים), לצד פילוג פנימי בחברה הישראלית באשר לזהותם של אותם המתגיירים, שממילא נתקלים בקשיים רבים. גם הגיור צריך להישאר תחת גוף ארצי, שיאחד, ירכז ויקבע את הקריטריונים למתגיירים.

<u>קבורה</u>: בשנים האחרונות, צורות הקבורה בישראל עברו מספר תהפוכות. כיום, קיימת קבורה ציבורית בבתי עלמין המופעלים על ידי חברות קבורה דתיות (חברות

214 ב-2006 הציעה ועדת דה-הרטוך לערוך רפורמה מקיפה בתחום הכשרות, ועסקה בקושי להנהיג מערכת יעילה ונטולת פניות בתחום הכשרות. ראה: הוועדה לבחינת הרפורמה בכשרות **דו"ח מסכם** (ספטמבר 2006)

215 הצעת חוק להפרטת שירותי הכשרות, והפקעתם מידי הרבנות הראשית לטובת גופי הכשרות הפרטיים – הצעת חוק איסור הונאה בכשרות (תיקון – הפרטת שירותי השגחה בכשרות), התשע"ב-2012, ה"ח 4374/18. הונחה על שולחן הכנסת ע"י ח"כ ליה שמטוב (ישראל ביתנו) ביום 11.6.12.

216 ועדת צדוק המליצה על רפורמה מהפכנית לפיה יקומו חברות פרטיות ללא מטרות רווח שיעסיקו את משגיחי הכשרות. על פי ההצעה, החברות ינוהלו בידי הנהלה עצמאית שתיבחר על ידי המועצה הדתית, אך רוב חברי ההנהלה לא יהיו חברים במועצה הדתית. מימון תאגיד ההשגחה יבוא כולו מהחברות המושגחות, כך שהתאגיד יהיה למעשה משק סגור ויפעל על בסיס הכנסות והוצאות.

217 ראה בהרחבה על פעילות התנועה הרפורמית בתחום הגיור בישראל: אפרים תבורי **היהדות הרפורמית בישראל, הישגים וסיכויים** (מאי 2000), עמ' 40-45.

קדישא) וקבורה חילונית בבתי עלמין אזרחיים;[218] קיימת אפשרות לקבורה פרטית בבתי עלמין של קיבוצים או מושבים המאפשרים זאת; בג"צ דחה בקשה של אדם שלא להיקבר אלא להיות מושלך על פני השדה, טרף לחיות;[219] בקשה שיותר להשליך את הגופה לים במקום קבורה, תלויה ועומדת בפני בית המשפט;[220] ב-2012 נחקק חוק להקמת אתר קבורה במודל עסקי.[221] מרבית חברות הקדישא בישראל הן עצמאיות ואחרות פועלות כחלק מהמועצה הדתית. יש ערים שפועלות בהן כמה חברות קדישא, כך שהתושבים יכולים לבחור חברה קדישא בהתאם לעדתם. שירותי הקבורה, במתכונתם הנוכחית, מתקיימים במעטפת של הרשות המקומית, אך במובחן ומובדל ממרבית המועצות הדתיות ובאופן בלתי תלוי – וראוי לשמור על צביון זה.

בתי דין: בתי הדין הרבניים הממלכתיים מטפלים, הלכה למעשה, בהליך הגירושין וענפיו. אין הם מוסמכים לפסוק דין בנושאים שהמדינה לא הסמיכה אותם לכך. בשל מקומם בחוק שיפוט בתי דין רבניים (נישואין וגירושין), תשי"ג-1953, בתי הדין חייבים להיות כפופים לרשות אחידה וממלכתית. עם זאת, בכל הנוגע לבתי דין פרטיים, אינני מוצא מניעה כי רשות מקומית שתושביה חפצים בכך, תוכל לתמוך בבתי דין לדיני ממונות מתקציב הרשות המקומית, בדומה לאופן שבו נושאות רשויות מקומיות באחריות לבתי המשפט לעניינים מקומיים המצוי בשטחן.

שירותיים מקומיים

השירותים המקומיים– בתי כנסת, פעילות תרבות תורנית, רבנות מקומית, מקוואות ועירובין – הם העוגן של האדם המאמין. הם הגרעין היומיומי של שירותי הדת. המדיניות באשר לאופן אספקת שירותים אלה צריכה להתקיים במסגרת הרשות המקומית, משום שלאלה שיקול דעת ניכר, אשר "צובע" את הרשות בצבעי האמונות הדתיות של תושבי המקום.

---

218 מכוח חוק הזכות לקבורה אזרחית חלופית, תשנ"ו-1996.

219 בג"צ 6167/09 **שלמה אבני נ' מדינת ישראל** (18.11.2009)

220 בית המשפט המחוזי פסק כי אין להיעתר לבקשתו של אדם לזרוק את גופתו לים – ראה: ה"פ (מחוזי ת"א) 39654-08-10 שלמה אבני נ' מדינת ישראל (כב' השופטת א. נחליאלי-חיאט, 20.02.2011). על כך הוגש ערעור לבית המשפט העליון, שהחזיר את הדיון למחוזי לבחינה מחודשת – ראה: ע"א 1835/11 **שלמה אבני נ' מדינת ישראל** (17.11.2011).

221 ראה: חוק שירותי הדת היהודיים (תיקון מס' 18), התשע"ב-2012. ביקורת על חקיקה זו השמיע ח"כ אורי מקלב (יהדות התורה) באמרו כי "מדובר בביזיון של ממש. היו כאלה שהגדירו את עניין בית העלמין ב'ברקת' כ'מהפכה צרכנית בתחום הקבורה, על איזה 'צרכנות' הם מדברים? האם מוות וקבורה הוא עניין מסחרי?" – חיים לב "הכנסת מציגה: אתר קבורה במודל עסקי" **ערוץ 7** http://www.inn.co.il/News/News.aspx/238710 (29.05.12)

הואיל וחלק מההצעות "להפריט" את שירותי הדת לרשויות המקומיות באות לפטור את אחריות המדינה, מבלי לעגן באופן ברור את חובות הרשויות המקומיות (שיטת "שגר ושכח"), מוצע לעגן בחקיקה ראשית את סל השירותים היהודיים שבאחריות הרשות המקומית. החובה של "מחלקות הדת" ברשות המקומית תהיה לאפשר לציבור היהודי לקיים מצוות דתו – ברמת נוחות סבירה – בכל אתר ואתר. החקיקה תייצר סנקציות נגד רשויות שלא מקיימות את חובתן למתן שירותי דת, ותהיה תחת פיקוח ארצי. כמובן, שהניסיון החפוז והנמהר לגדוע במחי הצעת חוק את המועצות הדתיות כולן, מבלי לייסד מנגנונים חלופיים – הוא לא ישים.

<u>מקוואות ועירובין</u>: שני שירותים שבלתם קשה עד בלתי אפשרי לאדם מאמין לקיים חיים יהודיים: מקווה ועירוב. לולא העירוב, יהודי דתי לא יכול לטלטל חפץ ברחובה של עיר בשבת, וללא טבילה מקווה לא ניתן לקיים חיי אישות. שירותים אלה לא ניתן לקיים באמצעות ה"קהילה" או "אגד בתי הכנסת", בשל האחריות הציבורית לצרכני שירותים אלה והחשש מפני תלות בארגונים פרטיים. בתחומים אלה, יש ערך לכך שמדינה יהודית תתקצב שירותי דת, גם ברמה הפרקטית, כדי שטבילה במקווה לא תזלוג לשוק הפרטי ותגרום לקפיצת מחירים לא פרופורציונאלית. באשר לעירוב – מתיחת קו העירוב דורשת היכרות מעמיקה עם תכניות העיר, עם תוואי היישוב, פתחי הכניסה והיציאה וכיו"ב. זו מלאכה מקומית באופייה. לכן מוצע כי יוסדרו תקנות לקביעת הקריטריונים לבניית מקווה ולמתיחת קו עירוב. לשם המחשה: מחוקק המשנה יקבע כי יישוב אשר בו מתגוררים 500 יהודים ומעלה, יהיה חייב במתיחת קו עירוב. או לדוגמא: על כל 10,000 יהודים יש להקים מקווה, ובכפוף לאישור של לפחות מחצית מחברי המועצה המקומית לכל הקמת מקווה נוסף.

<u>רבנות מקומית ועורכי חו"ק</u>: עבור רובנו, הרבנות המקומית (המכונה בתואר שעבר זמנו ה"מרא-דאתרא"), אינה אלא לשכת רישום שמוטב להתוודע אליה פעם אחת בחיים ותו לא. לפיכך, ראוי לאמץ בחום את הגישה המצמצמת: פחות רבנים ממלכתיים, ביטול הכפילות העדתית, חיזוק הרבנות הקהילתית וביטול המונופול של הרבנות על עריכת חופה וקידושין. כיום בישראל מכהנים 1484 רבנים המוסמכים לערוך חופה וקידושין (נכון לתשרי תשע"ג).[222] למעשה, רק רב עיר, רב שכונה, רב צבאי, ראש ישיבה ואדמו"ר

222 רשימת הרבנים המורשים לעריכת חופה וקידושין מפורסמת באתר הרבנות הראשית, ראה: http://www.rabanut.gov.il/vf/ib_items/126/ArichatChupot.pdf

מוסמכים לעריכת חו"ק,[223] ומשמעות הדברים היא שרב קהילה, אשר בתוך עמו הוא יושב, לא עורך חופות לבני קהילתו. שתי הצעות חוק מנסות להתיר את עול הרבנות בתחום – "חוק צהר"[224] ו"חוק שנלר"[225] – אך ברור הוא, כי לתפיסה הקהילתית יתרונות מרובים, ורב המכיר את הזוג המתחתן או כזה שקרוב ללבם, הוא העדיף.

סיוע בהקמת בתי כנסת, פעילות תרבות תורנית, הקמת בתי דין: מטרות אלה, מעצם טיבם, נתונות לשיקולה הבלעדי של הרשות המקומית. מקום בו תמצא רשות מקומית להקצות חלק מתקציביה לטובת פעילות תרבות תורנית או בסיוע בהקמת בתי כנסת – יהא הדבר מסור לשיקול דעתה (כאמור לעיל, עמ' 73). עם זאת, דעתי היא **ששירותים אלה הם 'מותרות' שעל הקהילות לדאוג להם בעצמן. הם מצויים בתחתית סדר העדיפויות של אספקת שירותי הדת.** תמיכה בהם תיעשה במידה ובמשורה, רק ברשויות מקומיות מאוזנות תקציבית.

שירותים קהילתיים

מבין גופי אספקת הדת, דומה שהגוף שנוחל את ההצלחה המרובה ביותר – הם, ועל אף שאינם ברי-השוואה, הקהילות המקומיות. בישראל פועלים כיום כ-10,500 בתי כנסת שמתפללים בהם לפחות פעם ביום. בימים הנוראים נרשמו, על פי הערכות, למעלה ממיליון ורבע מתפללים בקהילות השונות. למעלה מ-800 בתי כנסת קהילתיים מקיימים מגוון של תכניות תרבותיות, חינוכיות וקהילתיות לנשים, לילדים ובני הנוער, בתי מדרש לגמלאים וכוללים של 'בעלי בתים'.[226] הדיוקן הקולקטיבי של היהודים בישראל (כולל העולים מחבר העמים) הוא פחות זר למסורת מבעבר.[227]

223 רשימת הקריטריונים מצויים באתר הרבנות. מי שאינו אחד מאלה רשאי להגיש בקשה ל"ועדת החריגים לאישור עורכי חופות וקידושין". ראה: קריטריונים לרב "מורשה לעריכת חו"ק" באתר המשרד לשירותי דת:
http://www.dat.gov.il/NR/rdonlyres/95548680-EDAF-4B1B-8E34-DA53FA3AFE31/0/MarriageRavCriteria.pdf

224 פאינה קירשנבאום – הצעת חוק לתיקון פקודת הנישואין והגירושין (רישום) (אזורי רישום לנישואין של בני זוג), התשע"ב–2011, ה"ח 3579/18, הונחה על שולחן הכנסת ביום 31.10.2011.

225 הצעת חוק לתיקון פקודת הנישואין והגירושין (רישום) (אזורי רישום), התש"ע–2009, ה"ח 1635/18, והונחה על שולחן הכנסת ביום 12.10.09

226 הנתונים מתפרסמים באתר 'איחוד בתי הכנסת בישראל'. ראה: "בית הכנסת כמוקד השראה בעיצוב קהילה: סקירה לשנת תשע"ב" (25.09.2012) באתר: http://www.unisyn.org.il

227 אין כאן "שמירת מצוות" במובנה הדתי, אלא מחויבות למסורת, למנהג, לפולקלור ולזיכרון ההיסטורי היהודי – ראה:
מחקר בעניין "אמונות, שמירת מסורת וערכים של יהודים בישראל" 2000 (מרכז גוטמן, המכון הישראלי לדמוקרטיה וקרן אביחי).

חרף האידיליה המוצגת במסגרת תכנית 'אור חדש' – למפות את האוכלוסייה המקומית באמצעות רישום והסדרה של חברי הקהילות (ראה עמ' 59) – דומה כי הפתרון לא ירכך את מחלוקות הדת והמדינה. אדרבא, הוא עלול להחריף עוד יותר את הקוטביות והניגודיות בחברה הישראלית, ויוביל לזליגה מתמשכת לעבר "מרחבים מוגנים" של אוכלוסיות הומוגניות.[228] זאת ועוד, קהילות רבות מבססות את עצמאותן באמצעות עמותות ומלכ"רים שפועלים לצדן, המפעילים מקוואות פרטיים, השכרת אולמות בית הכנסת ואספקת שירותים נוספים כגון לנערים ברי-מצווה. רוב הקהילות מקיימות עצמן באופן עצמאית, וראוי שכך. סיוע מיוחד או התערבות מצד הרשות המקומית עלול להוביל (שוב) לחיכוכים ולפוליטיזציה של הקהילות.

228 ראה **בלנק**, איים של פלורליזם, לעיל ה"ש 211, עמ' 135

סיכום

שירותי הדת מלווים את מדינת ישראל משחר לידתה. הם נולדו בשל המציאות המיוחדת המאפיינת את יחסי המדינה עם היהדות. יש התולים בכך חלק גדול מן הרעות החולות שבחברה הישראלית, ויש הסבורים כי שירותים אלה מתבקשים דווקא לנוכח היותה של המדינה יהודית. בין שני הקצוות ניתן כמובן למצוא השקפות נחרצות פחות או מורכבות יותר. בין כך ובין כך, ככל שהדברים נראים היום, ובניגוד להערכות שניתן אולי היה להעלות לפני כ-10 שנים, אספקת שירותי הדת אינה עומדת לחלוף מן העולם. המדינה אפוא צריכה לקבוע את התנהלותה ביחס לשירותים אלה, שכן המצב הנוכחי, בו שירותי הדת נשלטים בידי מונופולין פוליטי, הביא להסתאבות, להתעסקות בטפל, למאבקים פוליטיים, לתפקוד לקוי – ופחות לעיסוק בתפקיד המוגדר של אספקת שירותי דת.

במהלך הכנת החיבור, סקרתי את עיקרי ההצעות שהועלו ב-20 השנים האחרונות לשינוי פני שירותי הדת, אשר, כפי שציינתי בגוף החיבור, אינן מתיימרות למצות את מכלול האפשרויות הקיימות או את הדיון המעמיק הדרוש על מנת להכריע בנוגע לכל אחת ואחת מהן. מצאתי כי לכל אחד המודלים יתרונות וחסרונות, אך בנושא דיברו כל ההצעות שפה אחת ודברים אחדים: השילוש הלא-קדוש של דת-פוליטיקה-מדינה משחית. ברור לכולם, כי תנאי-בלעדיו-אין לשיפור שירותי הדת הוא בנטרול הממד הפוליטי בזהותם של האחראים לסיפוק הדת.

מגוון של טעמים הועלו באשר לאופן בו המדינה צריכה לספק שירותים דתיים. יש שסברו כי אספקת דת בישראל באופן ריכוזי תפעל לטיוב השירותים ולצמצום ההסתאבות; מנגד, סברו רבים, כי יש לאמץ את עקרונות הביזור המרחיבים את האוטונומיה של הרשויות המקומיות, ולהעביר את מרכז הכובד של אספקת שירותי הדת לשלטון המקומי. כן הועלו רעיונות בדבר ניתוק מוחלט של הקשר המוסדי בין הדת למדינה, באמצעות הקהילות ובתי הכנסת.

אני סבור, כי לרשויות המקומיות יש את הכלים לאבחן בצורה מיטבית את המרקם החברתי-תרבותי בתחומיהן, ושהן מבינות יותר מהשלטון המרכזי מה "טוב" לתושביהן. לפיכך, ככל שנעגן את סמכויות הרשויות המקומיות לטיפול בענייני דת – באופן מקצועי ואמין – כך מקומו של השלטון המרכזי יפחת. כאדם דתי, החפץ להבטיח שהמדינה לא תוכל להטיל את מרותה וערכיה על הדת לשם קידום יעדיה, וכמי שמבקש להימנע מסכנת דלדולו, אם לא עיוותו, של היסוד הרוחני של הדת, סברתי כי החיבור המוסדי בין השלטון המרכזי לדת צריך להמשיך להתקיים, אך במספר שירותים מצומצם ומוגבל. יש

לאמץ דרך ביניים שתאפשר מחד ביצור של שירותים בעלי אופי ארצי, ומאידך להעניק לרשויות המקומיות את הסמכויות המקומיות לאספקת שירותי דת הטרוגניים ומגוונים. היישום של מודל זה, תלוי בראש ובראשונה בחקיקה שתבטיח אספקה נאותה של שירותי דת. עם זאת, דיון זה לצערי חורג ממסגרת חיבורי זה, ולפיכך כל שניסיתי הוא להדגים הצעות אפשריות ולעורר כיווני חשיבה.

ויודגש; שינוי האופן בו מתוקצבים שירותי דת, לרבות שאלת חובתה של המדינה לספק שירותי דת, אינם מבקשים לגרוע מ"יהדותה" של המדינה למול ה"דמוקרטיות" שלה. אין המדובר כאן במתווה להפרדת מוחלטת של דת ממדינה, כי אם עיון באפשרויות לניתוק מסוים בין הדת לטבורו של השלטון המרכזי. החיבור המוסדי ההדוק של הדת עם המדינה מזמן סכנות וחוליים שרב בהם ההיזק על התועלת. התמיכה המדינתית בדת כרוכה בפיקוח ובשליטה מצד המדינה, ומשכך מזמינה אליה פגיעה בעצמאות הדת. כבר בכנסת הראשונה עמדו על תחלואים אלה:[229]

> "על-ידי שמוסרים לידי הכנסת הזאת את הסמכות לאשר או לא לאשר תקציבים למוסדות דת, נותנים שלטון על מוסדות הדת לאנשים שאין להם שום עניין לדת"

ובהקשר זה, ראוי לחתום בדברי הרב קוק בגנות הערבוב בין המדינה, הרבנות והפוליטיקה:[230]

> "הרבנים נסחבו על פי רוב בזרם של איזו סיעה ומפלגה, ובמקום שהיה ראוי לרבנות להתרומם מעל לכל המפלגות ולהראות גלוי לכל כי הרבנים בתור נושאי דגל הקודש מורים דרך ה', הם כטל מאת ה' (מיכה ה, ו) – משתדלים להשפיע על הכל ולהחזיק במעוז האחדות הכללית של האומה – תחת זאת נעשו גם הם עצמם מוסגרים בתוך מסגרת צרה של סיעה פלונית או מפלגה אלמונית, ומכונסים בתוך הקטנות המפלגתית עם כל חסרונותיה ומגרעותיה"

229 דבריו של ח"כ עֶרי ז'בוטינסקי (מפלגת חרות) – ראה: דברי הכנסת 6 תש"י, 01.08.1950 (הכנסת הראשונה, מושב שני), עמ' 2398.

230 הרב אברהם יצחק הכהן קוק "כבוד הרבנות" **התור** שנה א, גיליון ב (תרפ"א)

ביבליוגרפיה (ע"פ סדר הא"ב)

חקיקה

- חוק איסור גידול חזיר, תשכ"ב-1962
- חוק איסור הונאה בכשרות, התשמ"ג-1983
- חוק בית התפוצות, תשס"ו-2005
- חוק בשר ומוצריו, תשנ"ד-1994
- חוק הזכות לקבורה אזרחית חלופית, תשנ"ו-1996.
- חוק הרבנות הראשית, תש"ם-1980
- חוק הרשויות המקומיות (הסמכה מיוחדת), התשי"ז-1956
- חוק השבות, תש"י-1950
- חוק חג המצות (איסורי חמץ), תשמ"ו-1986
- חוק יסוד: הכנסת
- חוק יסוד: חופש העיסוק
- חוק יסוד: כבוד האדם וחירותו
- חוק יסודות התקציב, התשמ"ה-1985
- חוק מעמדן של ההסתדרות הציונית העולמית ושל הסוכנות היהודית לארץ-ישראל, תשי"ג-1952
- חוק שיפוט בתי דין רבניים (נישואין וגירושין), תשי"ג-1953
- פקודת מאכל כשר לחיילים, תש"ט-1948
- תקנות בחירות רבני עיר, התשל"ה-1974
- תקנות המועצות הדתיות היהודיות (ניהול), התש"ל-1970
- תקנות העדות הדתיות (ארגונן) (בחירות רבני עיר), תשכ"ו-1965
- תקנות שירותי הדת היהודיים (ניהול מועצות), התש"ל-1970
- תקנות שירותי הדת היהודיים (ניהול מועצות), תשס"ז-2007
- תקנות שירותי הדת היהודיים (תקציב מועצות דתיות), תשמ"ה-1985
- תקנות תקציבי שירותי הדת היהודיים, התשמ"ה-1985

הצעות חוק

- הצעות חוק רשות שירותי הדת היהודיים – ה"ח 1360/15
- הצעת חוק איסור הונאה בכשרות (תיקון – הפרטת שירותי השגחה בכשרות), התשע"ב-2012, ה"ח 4374/18
- הצעת חוק ההתייעלות הכלכלית (תיקוני חקיקה ליישום התכנית הכלכלית לשנים 2009 ו-2010), התשס"ט-2009, ה"ח הממשלה 436
- הצעת חוק העיריות, התשס"ז-2007, ה"ח הממשלה 292

- הצעת חוק לתיקון פקודת הנישואין והגירושין (רישום) (אזורי רישום לנישואין של בני זוג), התשע"ב–2011, ה"ח 3579/18
- הצעת חוק לתיקון פקודת הנישואין והגירושין (רישום) (אזורי רישום), התש"ע–2009, ה"ח 1635/18
- הצעת חוק שירותי הדת היהודיים (תיקון – חלוקת הוצאות תקציב המועצות הדתיות), התשס"ז-2006, ה"ח 1871/17
- הצעת חוק שירותי הדת היהודיים (תיקון – ביטול המועצות הדתיות), התשע"ב-2012, ה"ח 4151/18
- הצעת חוק שירותי הדת היהודיים (תיקון – ביטול המועצות הדתיות), התשע"ב–2012, ה"ח 4049/18
- הצעת חוק שירותי הדת היהודיים (תיקון – משך כהונת רב עיר), התשס"ג-2003
- הצעת חוק שירותי הדת היהודיים [נוסח משולב] תיקון מס' 17, התשע"א-2011, ה"ח הממשלה 579 (28.03.2011)
- הצעת חוק שירותי הדת היהודיים, תשנ"ז-1997, ד"כ 164(2) (תשנ"ח) 874
- הצעת חוק שירותי הדת היהודיים, תשס"א-2000, ה"ח הממשלה 2929

<u>פסיקה</u>

- בג"צ 11474/03 **המועצה הדתית ראש העין נ' ממשלת ישראל** (29.07.2004)
- בג"צ 121/86 **סיעת ש"ס נגד המועצה המקומית ראש העין ואח'** פ"ד מ(3) 462 (10.08.1986)
- בג"צ 122/54 **אקסל נ' ראש העיר, חברי המועצה ובני העיר של אזור נתניה** פ"ד ח 1524 (09.12.1954)
- בג"צ 153/87 **לאה שקדיאל נ' השר לעניני דתות** פ"ד מב(2) 221 (19.05.1988)
- בג"צ 153/87 **שקדיאל נ' השר לענייני דתות ואח',** פ"ד מב(2) 221 (19.05.1988)
- בג"צ 155/60 **אלעזר נ' ראש העיר בת-ים** פ"ד יד 1511 (31.07.1960)
- בג"צ 1648/97 **המועצה הדתית ראשון לציון נגד השר לענייני דתות** (27.03.2000)
- בג"צ 1765/93 **חיימובסקי נ' המשרד לענייני דתות ואח'** פ"ד מט(3) 705 (07.09.1995)
- בג"צ 191/64 **שמעון אלבז נ' שר הדתות** פ"ד יח(4) 603 (20.12.1964)
- בג"צ 197/72 **הסתדרות פועלי אגו"י קרית שמונה נגד שר הדתות** פ"ד כז(1) 66 (28.11.1972)
- בג"צ 240/98 **עדאלה נ' השר לענייני דתות** פ"ד נב(5), 167 (03.12.1998)
- בג"צ 3267/97 **אמנון רובינשטיין נ' שר הביטחון** פ"ד נב(5) 481 (09.12.1998)
- בג"צ 3872/93 **מיטראל בע"מ נ' ראש הממשלה ושר הדתות** פ"ד מז 485 (22.10.1993)
- בג"צ 4247/97 **סיעת מרצ במועצת עיריית ירושלים נ' השר לענייני דתות,** נב(5) 241 (03.12.1998)
- בג"צ 465/89 **אילנה רסקין נ' המועצה הדתית ירושלים** פ"ד מד(2) 673 (27.05.1990)
- בג"צ 5483/95 **חיים גינדי נ' שר הדתות** פ"ד מט(5) 661 (06.02.1996)

- בג"צ 6167/09 **שלמה אבני נ' מדינת ישראל** (18.11.2009)
- בג"צ 6298/07 **יהודה רסלר נ' כנסת ישראל** (21.02.2012)
- בג"צ 6378/00 **סיעת הליכוד במועצת עיריית חולון נ' ועדת השרים** (23.04.2001)
- בג"צ 6427/02 **התנועה לאיכות השלטון בישראל נ' הכנסת** פ"ד סא(1) 619 (11.05.2006)
- בג"צ 7068/10 **חמי דורון נ' שר הדתות** (29.05.2011)
- בג"צ 72/55 **פריידי נ' עיריית תל- אביב- יפו** פ"ד י(2) 734 (30.04.1956)
- בג"צ 8944/05 קהילת ברכת שלום נ' משרד ראש הממשלה – הרשות לשירותי דת (הודעה מעדכנת מצד המשיב, 29.05.2012)
- בג"צ 90/75 **אלראי ואח' נ' שר התות,** פ"ד כט(2) 413 (29.05.1975)
- בג"צ 953/01 **מרינה סולודקין נ' עיריית בית-שמש** פ"ד נח(5) 595 (14.06.2004)
- בג"צ 998/10 **פורום ה-15 נ' השר לשירותי דת** (01.11.2010)
- בג"צ 699/89 **הופמן נ' מועצת עיריית ירושלים** פ"ד מח(1) 678 (26.01.1994)
- בג"צ 98/54 **לזרוביץ נ' המפקח על המזונות** פ"ד י 40 (03.01.1956)
- ה"פ (מחוזי ת"א) 39654-08-10 **שלמה אבני נ' מדינת ישראל** (20.02.2011)
- ע"א 1835/11 **שלמה אבני נ' מדינת ישראל** (17.11.2011)
- ע"פ 217/68 **יזראמקס בע"מ נ' מדינת ישראל** פ"ד כב(2) 343 (26.11.1968)
- ע"פ 427/64 **יאיר נ' מדינת ישראל** יט(3) 402 (05.11.1965)

<u>ספרים ישראליים</u>

- אליהו וינוגרד **דיני רשויות מקומיות** כרך א (מהדורה ששית, 2010)
- אליעזר דון-יחיא **מוסדות דתיים במערכת הפוליטית: המועצות הדתיות בישראל** (המרכז הירושלמי לענייני ציבור ומדינה, ירושלים, 1988)
- אפרים תבורי **היהדות הרפורמית בישראל, הישגים וסיכויים** (מאי 2000)
- יואב ארציאלי **אמנת גביזון-מדן: עיקרים ועקרונות** (הוצאת המכון הישראלי לדמוקרטיה וקרן אביחי, ירושלים תשס"ג)
- מנחם אלון **מעמד האישה – משפט ושיפוט, מסורת ותמורה** (הקיבוץ המאוחד, 2005)
- משה גרילק **החרדים: מי אנחנו באמת? מסמך אישי מתועד על עימות שנראה חסר פתרון** (הוצאת כתר, 2002)
- משה ליסק ודן הורוביץ **מצוקות באוטופיה: ישראל – חברה בעומס יתר** (1990)
- רות גביזון ויעקב מדן **מסד לאמנה חברתית חדשה בין שומרי מצוות וחופשיים בישראל** (מהדורה זמנית, ירושלים: המכון הישראלי לדמוקרטיה וקרן אבי חי, תשס"ג)
- רות גביזון **שישים שנה לחוק השבות: היסטוריה, אידיאולוגיה, הצדקה** (מרכז מציל"ה, ירושלים, התש"ע-2009)
- שבח וייס **השלטון המקומי בישראל** (תל-אביב, עם עובד, 1972)

- שבח וייס ודוד אשכול **בחרתיך ומאסתיך: שלטון ובחירות – העשור האחרון** (הוצאת לוגוס, תל-אביב, 2005)
- שלומית יהלום **יהדות ארצות הברית ושאלת ההפרדה בין כנסייה ומדינה** (1981)
- שמואל רוזנר **שטעטל בייגל בייסבול, על מצבם הנורא והנפלא של יהודי אמריקה** (הוצאת כתר, 2011)

מאמרים ישראליים

- אביעד הכהן "משפט ורפואה ב"מדינה יהודית ודמוקרטית": בין אנטומיה של חוק לפתולוגיה של יחסי דת ומדינה" **שערי משפט** ב(2) 189 (תש"ס)
- אליעזר דון-יחיא "הפוליטיקה של ההסדרה: יישוב סכסוכים בנושאי דת בישראל" **מכון פלורסהיימר למחקרי מדיניות** (1997)
- בנימין נויברגר "דת ודמוקרטיה בישראל" **מכון פלורסהיימר למחקרי מדיניות** (1997)
- בנימין נויברגר "דת ומדינה – הסדרים ומגמות במדינות דמוקרטיות", **שני עברי הגשר – דת ומדינה בראשית דרכה של ישראל** בתוך: מ. בר-און וצ. צמרת (עורכים) (יד בן-צבי, ירושלים תשס"ב)
- גדעון ספיר "גבולות מיסוד הדת" **משפט וממשל** ח 155 (תשס"ה)
- גידי ספיר ומשה שנר "בעקבות אמנת גביזון-מדן" **ארץ אחרת** 26 (ינואר-פברואר 2005)
- דוד דרי "ממשל מקומי: ביזור דה-פקטו" **המדיניות הציבורית בישראל** 159 (עורכים דוד נחמיאס וגילה מנחם, 1998)
- דוד נחמיאס ודורון נבות "לקראת הגדרת מעמדו החוקתי של השלטון המקומי בישראל" **ההיבטים החוקתיים, המשטריים והפרוצדורליים של השלטון המקומי** המכון הישראלי לדמוקרטיה (2002)
- דן מרידור "ראיון עם חיים צדוק" **ליד ערש המשפט: ספר חיים צדוק** (רון חריס, עורך, תשס"ב)
- דני גוטווין "תמורות במדיניות הכלכלית של הימין הישראלי 1997-2003: מהפרטה מלאימה להפרטה אוליגרכית" **עבודה, חברה ומשפט** י (תשס"ד)
- דניאל סטטמן וגדעון ספיר "האם מדינה ליברלית רשאית לפעול מתוך הסתמכות על טיעונים דתיים?" **מחקרי משפט** 25(3) 599 (2009)
- דפנה ברק ארז "גלגולו של חזיר: מסמל לאומי לאינטרס דתי?" **משפטים** לג 2-3 403 (תשס"ג)
- הדר ליפשיץ וגדעון ספיר "שירותי הדת היהודיים בישראל – דיון נורמטיבי וניהולי לקראת רפורמה" **מחקרי משפט** כג1 117 (תשס"ז)
- ורדה שיפר "מערכת החינוך החרדי בישראל, תקצוב, פיקוח ובקרה" **מכון פלורסהיימר למחקרי מדיניות** (1998)
- יצחק אנגלרד "יחסי דת ומדינה בישראל – הרקע ההיסטורי-הרעיוני" **עיוני משפט** יט(3) 741 (1995)

- ישי בלנק "ממלכתיות מבוזרת: שלטון מקומי, היפרדות ואי-שוויון בחינוך הציבורי", **עיוני משפט** כח(2)347 (2004)
- ישי בלנק "מקומו של ה'מקומי': משפט השלטון המקומי, ביזור ואי-שוויון מרחבי" **משפטים** לד(2) 197 (2004)
- ישי בלנק ואיסי רוזן-צבי "הצעת חוק העיריות: הווה ללא עבר, רפורמה ללא עתיד" **חוקים** 1 49 (2009)
- ישי בלנק ואיסי רוזן-צבי "הצעת חוק העיריות: הווה ללא עבר, רפורמה ללא עתיד" **חוקים**, 1, 49 (2009)
- עומר בן צור "המועצות הדתיות בישראל – הצעה לרפורמה" **המכון ללימודים אסטרטגיים ופוליטיים מתקדמים – החטיבה למחקר ומדיניות כלכלית** 56 (אוגוסט 2004)
- נחום בן-אליא "רשות נתונה: אופציות לעיצוב שלטון מקומי חדש" **מכון פלורסהיימר למחקרי מדיניות** (2005)
- נחום בן אליא "לקראת מדיניות ביזור דיפרנציאלית בשלטון המקומי" **מכון פלורסהיימר למחקרי מדיניות** (1995)
- סמי סמוחה "המשטר של מדינת ישראל: דמוקרטיה אזרחית, אי-דמוקרטיה, או דמוקרטיה אתנית?" **סוציולוגיה ישראלית** ב, 2 (2000)
- עומר בן-צור "המועצות הדתיות בישראל – הצעה לרפורמה" **המכון ללימודים אסטרטגיים ופוליטיים מתקדמים** (2003)
- צבי צמרת "המטוטלת הישראלית בין כפיה אנטי-דתית לתובענות-יתר דתית" **אישים ומעשים בישראל: ספר היובל** (1998)
- שלומית לבי, הינה לבנסאהן, אליהו כתז "**אמונות, שמירת מצוות ויחסים חברתיים בקרב היהודים בישראל**" מכון קוטמן למחקר חברתי שימושי (1993)
- שלמה חסון "יחסי דת, חברה ומדינה: תסריטים לישראל" **מכון פלורסהיימר למחקרי מדיניות** (2002)

<u>פרסומים שונים</u>

- "הוועדה הציבורית לבחינת הקריטריונים לקביעת סל שירותי הדת היהודיים, והקצאת תקציב המדינה לשירותים אלה "**דין וחשבון מסכם** (הוגש לשר לענייני דתות, נובמבר 2001)
- "הצעת מדיניות כלכלית לשנת 2009" **משרד האוצר** (2009)
- "יחסי גומלין כנסת- ממשלה: הצעות והמלצות" (מוגש לראש הממשלה וליושבת ראש הכנסת על ידי מזכיר הממשלה ומזכיר הכנסת, פברואר 2009)
- דברי הכנסת 6, הכנסת הראשונה, תש"י
- דברי הכנסת 185, הכנסת השש-עשרה
- הצעות חוק הכנסת 86, תשס"ה

- הוועדה הציבורית לבחינת הקריטריונים לקביעת סל שירותי הדת היהודיים, והקצאת תקציב המדינה לשירותים אלה, דו"ח מסכם (הוגש לשר לענייני דתות, נובמבר 2001).
- החלטה מס' 900 של הממשלה ה-30 (08.10.2003)
- החלטה מס' 2197 של הממשלה ה-31 (12.08.2007)
- החלטה מס' 2903 של הממשלה ה-31 (06.01.2008)
- החלטה מס' 3987 של הממשלה ה-31 (24.08.2008)
- החלטה מס' 203 של הממשלה ה-32 (12.05.2009)
- היועץ המשפטי לממשלה **פתיחת הליך חיוב אישי של נושא משרה ברשות מקומית נוכח ממצאי חקירה פלילית**, הנחייה 8.2000, עמ' 1 (2001; עודכן 2003)
- הכנסת – מרכז המחקר והמידע **חיוב אישי של נושאי תפקידים ברשויות המקומיות** (2007)
- הממונה על השכר באוצר **דין וחשבון על הוצאות השכר של הגופים הציבוריים לשנת 2010** (ירושלים, משרד האוצר, 2011)
- המשרד לשירותי דת **חוזר מנכ"ל** סט/1 (תשס"ט)
- המשרד לשירותי דת **חוזר מנכ"ל** עב/1 (תשע"ב)
- התנועה הרפורמית – המרכז לדת ומדינה "יחסי דת ומדינה בישראל: עקרונות יסוד ומצע למציאות ישראלית חדשה" **דין וחשבון** (ירושלים, 2011)
- התנועה ליהדות מתקדמת בישראל **"מערך שירותי הדת היהודיים בישראל: הצעה לארגון מחודש"** (2005)
- מבקר המדינה **דוח ביקורת במועצות דתיות** (1997)
- מבקר המדינה **דוח שנתי** 44
- מבקר המדינה **דוח שנתי** 45
- מבקר המדינה **דוח שנתי** 46 (תשנ"ה)
- מבקר המדינה **דוח שנתי** 48 (1998)
- מבקר המדינה **דוח שנתי** 50ב (2000)
- מבקר המדינה **דוח שנתי** 51ב (2001)
- מבקר המדינה **דוח שנתי** 53ב (תשס"ב)
- מבקר המדינה **דוח שנתי** 57ב
- משרד הדתות **חוזר מנכ"ל** סג/1 (דצמבר 2002)
- משרד הדתות **חוזר מנכ"ל** 5 (1987)
- נאמני תורה ועבודה "הועדה הציבורית לבחינת שירותי הדת היהודיים" **דין וחשבון** (ירושלים, 2005)
- עמותת חדו"ש "מדד הדת והמדינה 2012" **דין וחשבון** (ספטמבר 2012)
- פרוטוקול הישיבה ה-109 של הכנסת ה-15 (24.05.2000)
- פרוטוקול הישיבה ה-135 של הכנסת ה-11 (11.11.1985)
- פרוטוקול הישיבה ה-96 של הכנסת ה-16 (31.12.2003)

- פרוטוקול ועדת הפנים ואיכות הסביבה, הכנסת ה-14, מושב שלישי (19.11.1997)
- פרוטוקול ישיבה מס' 1 של ועדת המשנה (של הוועדה לענייני ביקורת המדינה) לענייני שירותי דת (22.3.2005)
- פרוטוקול מס' 100 מישיבת הועדה לענייני ביקורת המדינה (29.06.2004)
- פרוטוקול מס' 156 מישיבת הועדה לביקורת המדינה (15.02.2005)
- פרוטוקול מס' 159 מישיבת הוועדה לענייני ביקורת המדינה (01.03.2011)
- פרוטוקול מס' 284 מישיבת ועדת הפנים והגנת הסביבה, כנסת 17 (07.01.2008)
- פרוטוקול מס' 63 מישיבת הוועדה לענייני ביקורת המדינה (20.02.2007)

מאמרים זרים

- Medina Barak. "Enhancing Freedom of Religion through Public Provision of Religious Services: The Israeli Experience." *Isr. L. Rev.* 39 (2006): 127.
- Laurence R. Iannaccone, Roger Finke and Rodney Stark" ,Deregulating Religion: The Economics of Church and State ",Economic Inquiry (April 1997)
- David P. Currie, The Constitution of the Federal Republic of Germany (University of Chicago Press, 1994)
- Joe Berkofsky" ,Synagogue Study Offers Fresh Data, but Few Surprises After Half-Century"
- L. Bloß, "European Law of Religion – organizational and institutional analysis of national systems and their implications for the future European Integration Process" *Jean Monnet Working Paper* 13/03 (New York, 2003)
- Laurence R. Iannaccone, "The Consequences of Religious Market Structure: Adam Smith and the Economics of Religion," *Rationality and Society* 3(2) (April 1991)
- Michaela Moravčíková and Eleonóra Valová FINANCING CHURCHES AND RELIGIOUS SOCIETIESIN THE 21ST CENTURY
- Mike Crapo "Our Proud American Legacy" *The News-Examiner (2007*)
- Susan L. Porter, "The Synagogue in America, A Short History" *American Jewish History* 96 (December 2010)

משפט עברי

- במדבר רבה כ"א ב'
- הרב אברהם יצחק הכהן קוק "כבוד הרבנות" **התור** שנה א, גיליון ב (תרפ"א)

- הרב אברהם יצחק הכהן קוק **אגרות הראיה** ב (ירושלים תשכ"ב)
- תלמוד בבלי, מסכת ברכות, דף י"ז ע"ב
- מדרש תנחומא פנחס י'

עיתונות ואינטרנט

- אדריאן פילוט "חוק ההסדרים: האוצר מתכנן לסגור 50 מועצות דתיות ביישובים קטנים" **גלובס** 10.08.2008
- אילן מרסיאנו ואטילה שומפלבי "הממשלה אישרה את פירוק משרד הדתות" **ynet** (08.10.2003)
- אליהו בן-דהאן "תגובה למאמר 'היש כוח ללידה'" **הצופה** (28.11.2003)
- אריק בנדר "זעם על הקמת משרד הדתות: זה שוחד לש"ס" **nrg** (06.01.2008)
- גילה פינקלשטיין "משרד לחלוקת ג'ובים" **בשבע** 275 (10.01.2008)
- הדר ליפשיץ "היש כוח ללידה?" **הצופה** (16.11.2003)
- זבולון אורלב "יום הזהות היהודית" **השבת צהר** 333 (אדר א' תשע"א)
- זליג ויינשטיין ויקי אדמקר "אי אימון: תוקם מועצה דתית במודיעין עילית" **בחדרי חרדים** (22.08.2010)
- דב הלברטל "כן, להפריד" **הארץ** (21.12.2010)
- חיים יובל "ראש הממשלה הודיע: המועצות הדתיות יבוטלו עוד לפני סיום הפגרה בכנסת" **מעריב** 01.09.2000
- חיים לב "הכנסת מציגה: אתר קבורה במודל עסקי" **ערוץ 7** (29.05.12)
- יאיר אטינגר, נועה קושרק וניר יגנה, "שר הדתות מנצל תקנה חדשה כדי למנות עשרות פעילים של ש"ס למועצות הדתיות" **הארץ** (29.11.2009)
- יובל אזולאי "תושבי שוהם נאבקים בהנחיית השר מרגי להקים מועצה דתית ביישובם" **הארץ** (07.01.2010)
- יוסי וייס "יהדות התורה תגיש הצעה לביטול כל המועצות הדתיות" **כיכר השבת** (11.01.2012)
- יניב מגל "1,000 שקל לכסא ביום כיפור, עשרות אלפים לתפילת "כל נדרי"" **גלובס** (25.09.2012)
- יעקב ריבלין "על חורבות משרד הדתות" **קו עיתונות דתית** (24.12.2003)
- ישראל אהרן "גפני מאיים: "יהדות התורה" תפעל לסגירת מועצות דתיות" **כיכר השבת** (09.01.2012)
- עידן יוסף "השלטון המקומי: לסגור את המועצות הדתיות" **News1** (19.10.2006)
- צבי לביא "גולדברג חוקר את קריסת שירותי הדת מאז ההחלטה על פירוק משרד הדתות" **גלובס** (21.02.2005)
- קרן מרציאנו "נכנסים לכיס: שירותי דת" **mako** (14.10.2012)
- רות גביזון "תלוי ב"עוקף בג"צ"" **ידיעות אחרונות** (23.12.1998)

- תומר אביטל "בדיקת "כלכליסט": האם הגיע הזמן להפריט את שירותי הדת?" **כלכליסט** (30.05.2011)
- תומר אביטל "הצעת חוק: יבוטלו המועצות הדתיות" **כלכליסט** (15.01.2012)
- תומר אביטל "מדינת כל חרדיה: 53% מהתמיכות הן למוסדות תורניים" **כלכליסט** (18.11.2010)
- תומר אביטל "ניסיון הפירוק שכשל" **כלכליסט** (30.05.2011)
- "כך השתלט שרון על המועצות הדתיות" **ערוץ 7** (20.09.2005)
- Ken Spiro, "The amazing story of Jewish influence on the founding fathers of American democracy" **aish**

נספח

הוועדה הציבורית לבדיקת
המועצות הדתיות ותפקודן (ועדת צדוק)
דין וחשבון
(יולי 1993)

מדינת ישראל

דין וחשבון

הוועדה הציבורית
לבדיקת המועצות הדתיות ותיפקודן

תמוז תשנ״ג
יולי 1993

תוכן העניינים

- 1 -

מדינת ישראל

הוועדה הציבורית לבדיקת המועצות הדתיות ותיפקודן

ב"ה, כ"ה תמוז, תשנ"ג
14 יולי 1993

לכבוד
מר יצחק רבין
ראש הממשלה והשר לענייני דתות
משרד ראש הממשלה
<u>ירושלים</u>

כב' ראש הממשלה,

הנדון: <u>דו"ח הוועדה הציבורית לבדיקת המועצות הדתיות ותיפקודן</u>

הננו מתכבדים להגיש לך את דו"ח הוועדה הציבורית לבדיקת המועצות הדתיות ותיפקודן.

הוועדה נתמנתה על ידיך, במכתב מיום ט"ו באלול תשנ"ב (13.9.1992).

בעקבות עתירה לבית המשפט הגבוה לצדק, הושעה ביום ט' בחשון תשנ"ג (5.11.1992) מר משה אלמליח מחברותו בוועדה. לא נתמנה חבר אחר במקומו והוועדה המשיכה בעבודתה בהרכב של 4 חברים.

במהלך עבודתה קיבלה הוועדה 153 פניות מהציבור, שמעה 29 עדויות וקיימה 27 ישיבות, חלקן במסגרת ימי דיון מרוכזים. בנוסף לכך, על דעת הוועדה, קיימו היושב ראש וגם חברי ועדה אחרים פגישות עם אנשים נוספים.

הדו"ח דן במגוון רחב של נושאים הקשורים למועצות הדתיות ולהספקת שירותי הדת במדינה ומובאות בו המלצות הוועדה לשינויים בנושאים אלו. גיבוש הדין וחשבון והגשתו נשתהו עקב העדרויות של חברי ועדה מהארץ לרגל תפקידיהם ועיסוקיהם.

הוועדה מביעה תודתה לעו"ד יצחק בלאו אשר, כמרכז הוועדה, סייע בידי הוועדה במילוי תפקידה ועשה בריכוז החומר הרב ובעריכת הדו"ח.

כן מודה הוועדה לרבנים הראשיים, הרב אברהם שפירא והרב מרדכי אליהו, לרבני עיר, למשרד לענייני הדתות, למשרדי ממשלה אחרים, לרבנים, לנציגי רשויות מקומיות ומועצות דתיות ולאחרים שהופיעו לפניה וסיפקו חומר לעבודתה.

בכבוד רב,

חיים י. צדוק	יצחק הרצוג	מקסים לוי	חיים קוברסקי
יו"ר הוועדה	חבר	חבר	חבר

העתק: הרב רפאל פנחסי, סגן השר לענייני דתות
עו"ד יצחק בלאו

8:דוח-מועצה
מ-רבין

רחוב אחד העם 9 (מגדל שלום) ת.ד. 29794 תל-אביב 61297
טל' 03-5105864/6 פקס 03-5100552

- 2 -

Ministry of Religious Affairs
Minister's Office

י לעניני דתות
השר

בס"ד, ט"ו באלול התשנ"ב
13 בספטמבר 1992

לכבוד
מר חיים צדוק - יו"ר
מר משה אלמליח - חבר
מר יצחק הרצוג - חבר
מר מקסים לוי - חבר
מר חיים קוברסקי - חבר

שלום וברכה,

הריני ממנה אתכם בזה כועדה ציבורית לבדיקת המועצות הדתיות ותיפקודן.

אבקשכם לחוות דעתכם על הנושאים הנראים לכם רלוונטיים וחשובים לנושא, ובכלל זה תפקידיהן של המועצות הדתיות, מבניהן, תקציבן, דרכי בחירתן והפיקוח עליהן.

מר חיים י. צדוק יהיה יו"ר הועדה והוא ימנה את מרכז הועדה.

אבקשכם להגיש את הדו"ח שלכם על מסקנותיכם והמלצותיכם עד ז' בטבת התשנ"ג (31.12.92).

המנהל הכללי של המשרד לעניני דתות נתבקש לעשות את כל הסידורים הדרושים לועדה לעבודתה ולהעמיד לרשותה את עובדי המשרד ושירותיו ככל שיידרשו לה.

אני מאחל לכם הצלחה במילוי תפקידכם.

ב ב ר כ ה

יצחק רבין
ראש הממשלה והשר לעניני דתות

העתק: המנהל הכללי - המשרד לעניני דתות

ריכוז המלצות הועדה

1. מספר המועצות הדתיות ופרישתן (סעיף 3.2 לדו"ח)

הועדה ממליצה להקטין את מספר המועצות הדתיות על ידי אימוץ ההמלצות המפורטות להלן:

1.1 הקמת מועצות דתיות מחוזיות. הועדה ממליצה להקטין את מספר המועצות הדתיות. תהיה מועצה דתית בתחום השיפוט של כל רשות מקומית שהיא עיריה, ואילו שירותי דת לתושבים שמחוץ לתחום השיפוט של עיריות (דהיינו - מועצות מקומיות, מועצות איזוריות ואחרים) יסופקו על ידי מועצות דתיות מחוזיות. בקביעת המחוזות יילקחו בחשבון מספר התושבים בכל מחוז, והפיזור הגיאוגרפי של הישובים במחוז. כל רשות מקומית בתחום המחוז שתהיה מעוניינת בכך, תוכל לבחור ועד מקומי דתי שיהווה את החוליה המקשרת שבין המועצה הדתית המחוזית ובין הרשות המקומית.

הועדה ממליצה שלצורך מיפוי המחוזות, תמנה הממשלה ועדה מקצועית שתקבע את המועצות הדתיות המחוזיות שיקומו, תתחום את תחומי פעילותן וכן תקבע את ייצוגן ושיעור השתתפותן של הרשויות המקומיות בתקציב המועצה הדתית המחוזית שבתחומה הן נמצאות.

בדרך זו יוקטן באופן ניכר מספר המועצות הדתיות שאינן בתחומן של עיריות.

1.2 מיזוג מועצות דתיות קיימות. מהעדויות ששמעה הוועדה מאזורים רבים במדינה, למדה הוועדה שישובים קטנים הסמוכים לישוב עירוני מרכזי נהנים משרותי דת שונים הניתנים בישוב העירוני המרכזי (כגון רישום נישואין) מבלי להזקק כלל למועצה הדתית שבישובים. הוועדה ממליצה שבמקום בו קיים ישוב עירוני מרכזי שבקירבתו קיימות מועצות דתיות קטנות, ימוזגו המועצות הקטנות עם מועצת הישוב העירוני המרכזי, כך שהישוב הקטן יהנה מהספקת שירותים דתיים על ידי הישוב העירוני הגדול הסמוך אליו. לדוגמא, ניתן למזג את המועצה הדתית מבשרת ציון עם המועצה הדתית ירושלים. מיזוג כגון זה יחייב את הישוב הקטן להשתתף באופן יחסי בתקציב המועצה הדתית העירונית הגדולה, והוא יהיה מיוצג יחסית למספר תושביו במועצה הדתית הגדולה.

1.3 הקמת אגדי מועצות-דתיות לשירותים ספציפיים. הוועדה סבורה כי לא כל שירות דתי יש לספק באמצעות המועצה הדתית המקומית. לדעת הוועדה, אין הצדקה ששירות כדוגמת רישום נישואין או כשרות יהיה שירות שינתן בכל מועצה דתית. הוועדה ממליצה ששירות כגון זה ינתן במסגרת אחת עבור מספר מועצות דתיות באזור מסוים. לשם כך יוקמו אגדי מועצות דתיות לשירותים מסויימים כמקובל בתחום המוניציפלי במדינה.

1.4 הקמת אגדי מועצות-דתיות לשירותים הדורשים התמחויות ספציפיות. כשכלול נוסף של ההמלצה הקודמת, ממליצה הוועדה על הקמת אגדי מועצות דתיות לשירותים יחודיים הדורשים התמחות ספציפית בהן תרכש ההתמחות עבור כלל המדינה או עבור מחוז שלה. לדוגמא, אחד השירותים אותם מספקות המועצות הדתיות הוא עירובין. שירות זה דורש התמצאות בהלכות הספציפיות הנוגעות אליו כמו גם שירותים אחרים הדורשים התמחות ספציפית. התמחות בשירות ספציפי של רשות מרכזית במדינה או בכל אחד ממחוזות המדינה שתהיה אחראית על הספקת שירות זה ותתמחה בו, תביא לשיפור של שירות זה לציבור ולהוזלתו. הקמתן של רשות מרכזית או רשויות מרכזיות אלו תביא, ממילא, להקצאת משאבים נכונה יותר כאשר במקום שבכל מועצה דתית יושקעו משאבים בלימוד ושיפור שירות זה, יושקעו המשאבים במרוכז להנאתם ודווחתם של כלל התושבים והאזרחים במסגרת אגד מועצות דתיות לאותו שירות.

1.5 הקמת חברות לאספקת שירותי דת. הוועדה ממליצה על הקמת חברות לאספקת שירותי דת או הוצאת מכרזים לקבלנים שיוכלו לספק חלק מן השירותים הדתיים, ובדרך זו תושג "הפרטה" של שירותים אלו. לדוגמא, חברות שיתמחו בשירותים כמו התקנה ואחזקה של עירוב, בתי מטבחיים, אחזקת בתי עלמין, וכדומה.

1.6 הקמת מועצות דתיות חדשות. הוועדה ממליצה כי בעתיד שר הדתות טרם שיכונן מועצה-דתית חדשה, יקים ועדה לבדיקת הצורך בהקמת המועצה הדתית, בדומה לוועדת חקירה המוקמת לחקירה בדבר הצורך בהקמת עיריה. השר לענייני דתות יכריז על המועצה הדתית החדשה לאחר עיון בתסקיר הוועדה.

לעניין יישום המלצות 1.2, 1.3, 1.4 ו-1.5 לעיל, הלכה למעשה ממליצה הוועדה שתוקם וועדה מקצועית בה יכהנו 3 חברים נציגים של המשרד לענייני דתות, משרד הפנים ומשרד האוצר. הוועדה תשמע את נציגי מרכז השלטון המקומי וארגון המועצות האזוריות.

2. __מספר חברים במועצה הדתית (סעיף 3.3 לדו"ח)__

הוועדה ממליצה שהשר לענייני דתות יבחן את המצב הקיים כאשר לנגד עיניו צריכה לעמוד השאיפה, שלמעט מקרים יוצאים מן הכלל, מספר חברי המועצה הדתית לא יעלה על שני שלישים (2/3) מחברי הרשות המקומית שבתחומה מכהנת המועצה הדתית, ובלבד שמספר החברים יהיה לא זוגי. למשל, בעיר אשר בה מספר חברי מועצת העיריה הוא 31, יהיה מספר חברי המועצה הדתית 21. במועצות דתיות מחוזיות ובמועצות דתיות שימוזגו ממספר מועצות דתיות (ראה ההמלצות בסעיפים 1.1 ו-1.2 לעיל), יקבע השר לענייני דתות את מספר חברי המועצה הדתית.

3. __יו"ר מועצה דתית, סגני יו"ר מועצה דתית ומנכ"ל מועצה דתית (סעיף 3.4 לדו"ח)__

3.1 הוועדה ממליצה לתקן את המצב הקיים כך שב-3 הערים הגדולות (ירושלים, תל-אביב וחיפה) יכהנו עד 3 סגנים ליושב ראש, שאחד מהם בלבד יכהן בשכר והוא יהיה גם מ"מ היושב ראש בשכר. במועצות דתיות אחרות, שהן בתחום שיפוטה של עיריה, היו"ר יכהן בשכר ולו ימונו שני סגנים ללא שכר. אחד הסגנים יהיה גם מ"מ היו"ר ויקבל שכר רק בגין התקופה בה הוא ממלא את מקומו של היו"ר ובלבד שתקופה זו לא תפחת מ-3 חודשים.

3.2 כדי לייעל את תיפקודן של המועצות הדתיות, ממליצה הוועדה למנות ב-3 הערים הגדולות מנהל כללי מקצועי בשכר למועצה הדתית, שיהיה אחראי לתיפקוד בפועל של המועצה הדתית בדומה לתפקידו של מנהל כללי במשרד ממשלתי. במועצות דתיות אחרות, שהן בתחום שיפוטה של עיריה, ימונה מנהל אדמיניסטרטיבי למועצה-הדתית. עם מינויו של מנהל אדמיניסטרטיבי, תבוטל משרת מזכיר המועצה הדתית ותצומצם משרת הגזבר.

4. דרך כינון מועצה דתית חדשה (סעיף 3.5 לדו"ח)

הועדה סבורה כי הנסיון המצטבר מאז נחקק החוק, כמו גם אופיים של השירותים הדתיים שהינם שירותים בעלי אופי מקומי, מחייב חיזוק הנציגות המקומית, דהיינו הרשות המקומית והרבנות המקומית, בהרכבתה של מועצה דתית. הועדה רואה בחיוב השארתו של השלטון המרכזי כגורם בהרכבתה של מועצה דתית לשם הבטחת מעמדם המיוחד של השירותים הדתיים היהודיים ושמירת אופיים.

הועדה ממליצה לשנות את הרכב הרשויות המרכיבות את המועצות הדתיות כדלקמן:

55% - ממספר חברי המועצה הדתית יתמנו על-ידי הרשות המקומית (במקום 45% היום);

25% - ממספר חברי המועצה הדתית יתמנו על-ידי הרבנות המקומית (במקום 10% היום);

20% - ממספר חברי המועצה הדתית יתמנו על-ידי שר הדתות (במקום 45% היום);

הרכב הנציגות של הרשות המקומית ישקף, ככל האפשר, את מיגוון ההרכב של מועצת הרשות המקומית.

מועמדי הרבנות המקומית יבחרו על ידי הרבנים המקומיים בהתייעצות עם רבני השכונות, באם מכהנים כאלה במקום, ובהתייעצות עם בתי הכנסת הגדולים במקום.

עוד מממליצה הועדה שיבוטל הצורך בהסכמה הדדית בין הרשויות המרכיבות את המועצה הדתית. כל רשות תמנה את נציגיה למועצה.לפי המיכסה המוקצית לה וכלל החברים שימונו יכהנו כמועצה הדתית החדשה.

אם אחת הרשויות לא מינתה את נציגיה תוך שלושה חודשים מיום הבחירות לרשות המקומית, יהיה שר הדתות חייב למנות את הנציגים במקום אותה רשות.

(ראה לעניין זה את דעת המיעוט של חבר הועדה מר חיים קובדסקי, והערתו של יו"ר הועדה מר חיים י. צדוק, בסעיף 3.5 לדו"ח).

5. סל שירותים דתיים (סעיף 4.1 לדו"ח)

הוועדה ממליצה לקבוע סל שירותים דתיים, וזאת לפי שלוש קטגוריות כדלקמן:

א. שירותי חובה - סל שירותים זה יכלול את השירותים שעל המדינה לספק ע"ח כספי הציבור לכלל תושביה היהודים. בקטגוריה זו ייכללו השירותים הבאים: רבנות ונישואין, כשרות ושחיטה, טהרת המשפחה (מקוואות), שירותי קבורה ועירובין.

ב. שירותים מקובלים - שרותים דתיים שמקובל לתת אותם ולתקצבם כשירותי רשות ולא שירותי חובה. המדינה תסייע במתן שרותים אלו על-פי עקרונות וקווי פעולה מקובלים בשרותים אחרים (כגון: תרבות, עבודה קהילתית). בקטגוריה זו ניתן לכלול את השירותים הבאים: הקמת בתי כנסת ותמיכה בהם ופעילות תרבות תורנית.

ג. שירותים נוספים - שירותים שהציבור המקומי בכל מועצה דתית מעונין בהם. לדוגמה: בית דין לממונות שמקיימת המועצה הדתית בירושלים. שירותים אלו יסופקו רק אם הם מקיימים את עצמם מבחינה תקציבית מאגרות שהציבור ישלם בעדם או מתרומות ומענקים (עזבונות) שיועדו למטרות אלו.

6. הרבנות המקומית (סעיף 4.2 לדו"ח)

6.1 הוועדה ממליצה, כשלב מעבר, שרק בעיריות יהיו שני רבני עיר, אחד אשכנזי ואחד ספרדי. ברשויות מקומיות שאינן עיריות יכהן רב עיר אחד. ברשויות מקומיות שבעתיד יוכרזו כערים ימשיך לכהן רב אחד, גם לאחר הפיכתן לעיריה.

6.2 באשר לתקופת כהונתם של רבני עיר, ממליצה הוועדה כדלקמן:

6.2.1 רב עיר ייבחר לתקופה של 10 שנים.

6.2.2 רב עיר יוכל להציג את מועמדותו לקדנציה נוספת של 10 שנים הסמוכה לתקופת כהונתו כרב עיר.

6.2.3 מועמד יהיה כשיר להציג את מועמדותו לכהונת רב עיר אם טרם מלאו לו 65 שנה.

(ראה לענין זה את דעת המיעוט של חבר הוועדה מר חיים קוברסקי בסעיף 4.2 לדו"ח).

7. שירותי קבורה (סעיף 4.3 לדו"ח)

7.1 יש להסדיר את נושא שירותי הקבורה בחוק נפרד לפיו השר לענייני דתות יהיה מוסמך לתת זכיון לחברת קדישא לעסוק בענייני קבורה. מכח חוק זה יהיה השר רשאי להתקין תקנות, בין השאר, בעניינים המפורטים בהמלצות הבאות להלן. עוד לפני חקיקת החוק הנפרד בענין שירותי הקבורה, יש לאמץ את ההמלצות המפורטות להלן במסגרת המצב החוקי הקיים.

7.2 השר לענייני דתות יתקין תקנות שבהן יפורטו התשלומים המירביים בגין רכישת קבר מחיים, קבורה במקומות מיוחדים וקבורה בבתי עלמין סגורים.

7.3 בקביעת התשלומים המירביים, יש לקבוע תשלומים שונים עבור רכישת חלקת קבר מחיים על-ידי שני בני זוג ועבור רכישת חלקת קבר מחיים על-ידי בן-זוג המבקש לרכוש חלקת קבר ליד בן-זוגו שהלך לעולמו, שתעריפה יהיה נמוך יותר מרכישת חלקת קבר מחיים על-ידי שני בני-זוג. אפשר לקבוע בתקנות תשלומים גבוהים יותר עבור רכישת חלקת קבר על ידי אנשים שאינם תושבי ישראל.

7.4 יאסר לחלוטין על חברה קדישא לגבות כל סכום שגבייתו לא הותרה בתקנות.

7.5 המשרד לענייני דתות יהיה ממונה על שירותי הקבורה, יאכוף את החוק והתקנות באמצעים המסורים לידו ויקבל מחברות הקדישא העצמאיות דינים וחשבונות באופן סדיר.

7.6 כל חברה קדישא תהיה גוף מבוקר על ידי מבקר המדינה ובכל חברה קדישא יתמנה מבקר פנימי על פי חוק הביקורת הפנימית, תשנ"ב-1992.

7.7 במקומות בהם ההכנסות העצמיות של חברות הקדישא אינן מאפשרות אחזקה ופיתוח נאות של בתי העלמין, יש להגדיל את תקציב האחזקה והפיתוח של בתי העלמין שבתחום אחריותן של חברות קדישא אלו.

8. <u>כשרות (סעיף 4.4 לדו"ח)</u>

8.1 הוועדה ממליצה לאמץ - לאחר בחינה על ידי מחלקת הכשרות של הרבנות הראשית לישראל - כבסיס לנוהל ארצי אחיד למתן תעודות הכשר, את קובץ נוהלי הכשרות של הרבנות הראשית צפת בהתאמות והשלמות שידרשו. קובץ זה כולל קריטריונים למתן תעודת הכשר, היקף ההשגחה ומספר המשגיחים הנדרשים אצל כל מושגח ונוהל בקשה לקבלת תעודת הכשר.

8.2 הוועדה ממליצה שבפיקוחה של הרבנות הראשית לישראל תוקם מכללה ארצית להכשרת משגיחים שתסמיך משגיחים לאחר שעמדו בבחינות שתקיים הרבנות הראשית לישראל. משגיחי כשרות יתמנו על ידי המועצות הדתיות על פי מכרזים. למכרזים על מישרות פנויות של משגיחים במערך הכשרות של הרבנויות בישראל יוכלו לגשת רק משגיחים בעלי תעודת הסמכה מאת הרבנות הראשית לישראל.

8.3 הוועדה ממליצה להקים ליד כל מועצה דתית תאגיד שיעסיק את משגיחי הכשרות במקום. נראה לוועדה כי סוג התאגיד המתאים למטרה זו הוא תאגיד שלא למטרות רווח בצורה של חברה מוגבלת בערבות וללא הון מניות. התאגיד ינוהל על-ידי הנהלה עצמאית שתיבחר על-ידי המועצה הדתית, אך רוב חברי ההנהלה לא יהיו חברי המועצה הדתית. המימון של התאגיד יבוא כולו מהמושגחים, כך שהתאגיד יהיה למעשה משק סגור ויפעל על בסיס הכנסות והוצאות, לרבות הוצאות תקורה מינימליים. על התאגיד יהיה לבטח את זכויות המשגיחים לפנסיה ופיצויים בקרנות פנסיה ולא בדרך של פנסיה תקציבית.

המשגיחים יהיו, כאמור, עובדים של התאגיד ולא יהיו קיימים, מבחינה משפטית, יחסי עובד-מעביד בין המשגיחים למועצה הדתית ובין המשגיחים למושגחים. מומלץ שתנאי העסקתם של המשגיחים יעוגנו בהסכם קיבוצי מיוחד.

8.4 הוועדה סבורה שאימוצם ויישומם בפועל של ההמלצות האמורות לעיל בנוגע למערכת הכשרות במדינה, תביא בסופו של דבר להעלאת קרנה של תעודת ההכשר המונפקת על ידי הרבנות הממלכתית במדינה.

9. מקוואות ובתי כנסת (סעיף 4.5 לדו"ח)

הוועדה ממליצה כי מעתה ואילך בכל תכנית מיתאר יכללו שטחים לשירותים דתיים לסוגיהם ויוקצו מקומות מתאימים להקמתם של בתי כנסת ומקוואות. הוועדה ממליצה שנושא זה יעוגן בהנחיות מכח חוק התיכנון והבניה.

כן ממליצה הוועדה שהמשרד לענייני דתות בשיתוף הרשויות המקומיות ימצא פיתרון במסגרת תקציבי הפיתוח של גופים אלו להקמתם של מיבנים לשירותים דתיים במקומות בהם האוכלוסיה המקומית אינה מצליחה בכוחות עצמה לגייס את האמצעים להקמתם של מבנים אלו.

10. תמיכה במוסדות ופעילות תרבות תורנית (סעיף 4.6 לדו"ח)

הוועדה ממליצה שהתמיכה במוסדות והפעילות תרבות תורנית, יהיו חלק ממערך שירותי הדת המקובלים (להגדרת שירותים מקובלים - ראה המלצה 5 לעיל).

בנוסף, ממליצה הוועדה שיגובש נוהל למתן תמיכות על-ידי מועצות דתיות בהתאם לנוהל למתן תמיכות של רשויות מקומיות אותן הכינה וועדה בין משרדית בראשות היועץ המשפטי לממשלה, בעקבות הנוהל למתן תמיכות של משרדי ממשלה.

11. יחסי מועצה דתית ורבנות מקומית (סעיף 5 לדו"ח)

הוועדה ממליצה, ליתר תוקף, לעגן בחקיקת משנה את סדרי הנוהל בתחומי הפעולה של לשכות הרבנות המקומית והמועצות הדתיות, לרבות הכלים להבטחת ביצועם.

12. הזרמים הלא-אורתודוכסים והמועצות הדתיות (סעיף 6 לדו"ח)

הוועדה ממליצה שתינתן תמיכה למוסדותיהם הדתיים של הזרמים הלא-אורתודוכסים, לרבות פעילותם הקהילתית-דתית, בהתאם לקריטריונים הנהוגים לגבי קהילות אחרות.

13. קביעת תקציב מועצה דתית (סעיף 7.1 לדו"ח)

הוועדה ממליצה להקים ועדת מומחים קבועה בה יהיו חברים נציגי המשרד לענייני דתות, משרד האוצר ומשרד הפנים, שתבחן את תקציבן של המועצות הדתיות על בסיס העקרון של הספקת שרותי החובה ברמה סבירה והקצבה להספקת השירותים המקובלים בהתאמה להקצבה לשרותים מקובלים אחרים, מבלי להתבסס על "מדדים" קודמים בענין זה. הוועדה סבורה כי כחלק מהרצון לשפר את השירותים הדתיים חובה על המדינה לבנות תקציב המשקף נאמנה את הצרכים התקציביים של שרותים אלו.

בענין ההשתתפות בתקציב של המועצות הדתיות, אין הוועדה ממליצה לשנות את המצב הקיים לפיו ב-40% מהוצאות התקציב נושאת הממשלה באמצעות המשרד לענייני דתות וב-60% נושאת הרשות המקומית שבתחומה נמצאת המועצה הדתית.

14. ההכנסות העצמיות של מועצה דתית (סעיף 7.2 לדו"ח)

הוועדה ממליצה שוועדת מומחים כנ"ל תבחן הגדלת שיעור האגרות בעד אותם שירותים שניתן להגדיל בהם את האגרות בלי פגיעה בכלל האוכלוסיה. כן ממליצה הוועדה שתעריף האגרות הניגבות על ידי המועצות הדתיות יבדק על-ידי ועדת מומחים לעיתים מזומנות, ועל כל פנים לפחות אחת ל-3 שנים מתוך מגמה להתאימן לעלות השירותים שהמועצה הדתית מספקת.

כן ממליצה הוועדה שכמקור הכנסה נוסף יתאפשר למועצות דתיות לקבל תרומות, מענקים ועזבונות.

- 12 -

15. הזמנת שירותים ועבודות על ידי מועצה דתית (סעיף 7.3 לדו"ח)

הוועדה ממליצה להחיל על המועצות הדתיות את תקנות העיריות (מכרזים), התשמ"ח-1987, בשינויים המחוייבים.

16. מעמד עובדי המועצות הדתיות (סעיף 8.1 לדו"ח)

הוועדה ממליצה להמשיך ולהקפיד בכל דיון על מעמדם, חובותיהם וזכויותיהם של עובדי המועצות הדתיות, על השוואתם לאלו של עובדי הרשויות המקומיות ולעגן הסדר זה בתקנות של השר לענייני דתות באישור שר הפנים.

17. עובדי המועצות הדתיות: הכשרתם ודרכי מינויים (סעיף 8.2 לדו"ח)

17.1 יוקם מכון ארצי ליד המשרד לענייני דתות שיעסוק בהכשרת עובדים מקצועיים למועצות הדתיות ויערוך השתלמויות בהתאם לנדרש לעובדים אלו.

17.2 עובדי המערך המינהלי במועצות הדתיות ישולבו במערך ההדרכה של עובדי הרשויות המקומיות בנושאי מינהל.

17.3 על קבלת עובדים למועצות הדתיות יוחלו תקנות העיריות (מכרזים לקבלת עובדים), התש"ם-1979, בשינויים המחוייבים.

18. המשרתים בקדש בישובים (סעיף 8.3 לדו"ח)

הוועדה ממליצה שלאחר קבלתה ויישומה של המלצתה להקמת מועצות דתיות מחוזיות, יהפכו המשרתים בקודש לעובדיהם של המועצות הדתיות המחוזיות שבתחומן הם עובדים.

19. פיקוח ובקרה (סעיף 9 לדו"ח)

19.1 מועצה דתית תהיה חייבת להגיש מדי שנה דו"ח כספי מאושר על ידי רואה חשבון על הכנסותיה והוצאותיה של המועצה וזאת תוך 3 חודשים מתום השנה. רואה-החשבון ייבחר מתוך רשימה של רואי-חשבון שתוכן על-ידי השר לענייני דתות ושר המשפטים. תנאי העסקתם והיקף משרתם של רואי-החשבון ייקבעו על-ידי השר לענייני דתות, בהתאם לקריטריונים המקובלים להעסקתם ברשויות המקומיות. רואה חשבון אחד יוכל להתמנות כרואה חשבון של מספר מועצות דתיות.

19.2 ימונה מבקר פנימי בכל מועצה דתית, וזאת גם אם נותר ספק אם חוק הביקורת הפנימית, התשנ"ב-1992, חל על מועצה דתית. המבקר הפנימי ייבחר מתוך רשימה של מבקרים פנימיים שתוכן על-ידי השר לענייני דתות ושר הכלכלה והתיכנון. תנאי העסקתם והיקף משרתם של המבקרים הפנימיים ייקבעו על-ידי השר לענייני דתות, בהתאם לקריטריונים המקובלים להעסקתם ברשויות המקומיות. מבקר פנימי אחד יוכל להתמנות כמבקר פנימי של מספר מועצות דתיות.

19.3 המשרד לענייני דתות יקיים יחידת פיקוח וביקורת יעילה של המשרד על המועצות הדתיות ויקבע כללים וקריטריונים לביקורת זו.

19.4 יחידות הביקורת בכל רשות מקומית יקיימו ביקורת סדירה במועצות הדתיות שבתחומן ויעבירו את ממצאיהן דרך קבע למשרד לענייני דתות.

- 14 -

מבוא

ביום ט"ו באלול התשנ"ב (13.9.1992), מינה ראש הממשלה והשר לענייני דתות, מר יצחק רבין, את הוועדה הציבורית לבדיקת המועצות הדתיות ותיפקודן.

ליו"ר הוועדה נתמנה מר חיים י. צדוק ולחברים בה נתמנו ה"ה משה אלמליח, יצחק הרצוג, מקסים לוי וחיים קוברסקי. על פי כתב המינוי של הוועדה, מינה היושב-ראש את עו"ד יצחק בלאו כמרכז הוועדה.

בעקבות עתירה לבית המשפט הגבוה לצדק, הושעה ביום ט' בחשוון תשנ"ג (5.11.1992) מר משה אלמליח מחברותו בוועדה. הוועדה מודה למר אלמליח על תרומתו לעבודת הוועדה בתקופה בה היה חבר בה.

הוועדה נתבקשה לתת את דעתה על הנושאים הנראים לה רלוונטים לנושא ובכלל זה תפקידיהן של המועצות הדתיות, מבניהן, תקציבן, דרכי בחירתן והפיקוח עליהם.

הוועדה פנתה לציבור באמצעות מודעות בעיתונים והזמינה כל מי שיש לו דבר אל הוועדה להגיש לה תזכיר תמציתי בכתב שישקף את דעתו והצעותיו. בעקבות פנייתה הנ"ל, קיבלה הוועדה 153 פניות מהציבור.

הוועדה הזמינה חלק מהפונים אליה להופיע בפניה ובנוסף לכך נפגשה עם גורמים רבים נוספים שלדעתה קשורים למועצות הדתיות, ביניהם הרבנים הראשיים לישראל, הרב אברהם שפירא והרב מרדכי אליהו, רבני עיר, שרים לענייני דתות בעבר, מנכ"לי המשרד לענייני דתות בעבר ובהווה, נציגי משרדי ממשלה, נציגי מועצות דתיות, רבנים מקומיים, נציגי רשויות מקומיות ועוד. בסה"כ שמעה הוועדה במהלך עבודתה 29 עדויות. בנוסף לכך, על דעת הוועדה, קיימו היושב ראש וגם חברי ועדה אחרים פגישות עם אנשים נוספים.

הוועדה ראתה את תפקידה כוועדת בדיקה ציבורית, הבאה לבדוק את תיפקודן של המועצות הדתיות ואת שירותי הדת היהודיים במדינה מתוך מגמה שלאזרחים היהודים במדינת ישראל יסופקו שירותי דת בצורה הטובה והיעילה ביותר.

בדיוני הוועדה, כמו גם בדו"ח זה, נעשר בחינה וניתוח של המצב הקיים וגיבוש המלצות שיביאו לשיפור תיפקודן של המועצות הדתיות ומערך הספקת השירותים הדתיים לציבור היהודי בישראל. היישום של חלק מהמלצות הוועדה יחייב חקיקה.

הוועדה משוכנעת כי יישום המלצותיה יהיה בו כדי להעלות ולשפר את השירותים הדתיים לציבור היהודי במדינה.

הוועדה מביעה תודתה לעו"ד יצחק בלאו אשר, כמרכז הוועדה, סייע בידי הוועדה במילוי תפקידה ועשה בריכוז החומר הרב ובעריכת הדו"ח.

כן מודה הוועדה לרבנים הראשיים, הרב אברהם שפירא והרב מרדכי אליהו, לרבני עיר, למשרד לענייני דתות, למשרדי ממשלה אחרים, לרבנים, לנציגי רשויות מקומיות ומועצות דתיות, לאחרים שהופיעו לפניה וסיפקו חומר לעבודתה ולכל אלה שנענו לקריאתה, פנו אליה ביוזמתם וסיפקו חומר נוסף לעבודתה.

1. תפיסת היסוד

מאז הקמת המדינה ניתנים לתושביה היהודיים שירותי דת הממומנים בחלקם על-ידי גביית אגרות ובעיקרם על חשבון כספי הציבור. הסדר זה עוגן תחילה בחוק תקציבי השירותים הדתיים היהודיים (הוראת שעה), תש"ט-1949, ובהמשך במסגרת חקיקת חוקים לשעה עד לחקיקתו של חוק שירותי הדת היהודיים (נוסח משולב), תשל"א-1971 (להלן - "חוק שירותי הדת"). חוק זה מהווה היום את המסגרת לאספקת שירותי דת ליהודים בישראל.

הוועדה לאחר שבחנה התפיסה המונחת ביסודו של חוק שירותי הדת, לרבות שאלת חובתה של המדינה לספק שירותי דת יהודיים במדינה הגיעה למסקנה שאין מקום לשנות תפיסה זו.

הוועדה מקבלת כהנחת יסוד שהמדינה חייבת להמשיך ולספק שירותי דת לתושביה במסגרת התקציבים הציבוריים.

2. עיקרי הביקורת

הוועדה שמעה מחוגים שונים בציבור דברי ביקורת על תיפקוד המועצות הדתיות. נשמעה אי נחת בציבור בארבעה נושאים עיקריים והם: מינוי מועצה דתית והרכבה, ענייני כשרות, שירותי קבורה ותקציב המועצות הדתיות.

בעניין מינוי מועצה דתית והרכבה, נסבה הביקורת בעיקר על פרק הזמן הארוך העובר עד שמתמנה מועצה דתית חדשה. פרק זמן זה מגיע לעיתים לתקופה של קדנציה מלאה של מועצת רשות מקומית כך שמועצה דתית בהרכב מסוים מכהנת תקופה של שתי קדנציות והכל מסיבות של קשיים במינוי מועצה דתית חדשה, תוך קיום כל הוראות החוק. בעניין זה נשמעו דעות שהציעו שינוי יסודי בנושא הספקת שירותי הדת לרבות ביטולן של המועצות הדתיות והפיכתן למחלקות ברשויות המקומיות או צימצום דרסטי במספרם.

בענין שירותי הכשרות נסבה הביקורת בעיקר על משגיחי הכשרות, העסקתם על ידי המושגחים וקריטריונים להנפקת תעודות כשרות.

בענין שירותי הקבורה, נסבה הביקורת בעיקר בנושא התשלומים הניגבים על ידי חברות קדישא עבור רכישות חלקות קבר מחיים.

בעניין תקציב המועצות הדתיות, נציגיהן, שבדרך כלל נתמכו בענין זה על ידי נציגי הרשויות המקומיות וכן על ידי נציגי המשרד לענייני דתות, קבלו על שהמגבלות התקציביות אינן מאפשרות תיפקוד טוב של המועצות. נציגי המשרד לענייני דתות הצביעו על כך שהמדובר במערכת קטנה שהיקפי תקציביה אינו עולה על כ-1% עד 2% בממוצע מתקציבי הרשויות המקומיות על אף היקפי הנושאים שבתחומי אחריותה. מול טענות אלה, הציג משרד האוצר עמדה לפיה בשנים האחרונות גדל ריאלית תקציבן של המועצות הדתיות.

חלק ניכר מדיוני הוועדה הוקדש לנושאים הנ"ל והחלק הארי מפרקי הדו"ח להלן יעסוק בנושאים אלו ובהמלצות הוועדה לגביהם.

3. מבנה אירגוני

3.1 הדרך להספקת השירותים הדתיים

הגוף שהוסמך על-פי חוק שירותי הדת לספק שירותים דתיים ליהודים הוא המועצה הדתית.

השר לענייני דתות מוסמך להקים מועצה דתית בכל רשות מקומית שאין בה מועצה דתית.

בפני הוועדה הועלו הצעות שונות לשינוי המבנה האירגוני של המועצות הדתיות ביניהן, הצעה שהמועצות הדתיות יבוטלו ושהשירותים הדתיים יסופקו לציבור על-ידי מחלקה לשירותים דתיים בכל רשות מקומית. כן הועלתה הצעה לצמצום מספר השירותים הדתיים שיהיו בתחום אחריותם של המועצות הדתיות.

הוועדה בחנה את ההצעות השונות ובאשר להצעות הנ"ל סבורה הוועדה שהמיוחד בשירותים דתיים הוא אופיים ההלכתי-דתי, כאשר הסמכות ההלכתית, הרבנות, נוטלת חלק בהכוונה ההלכתית על השירותים הדתיים. לכן, סבורה הוועדה, כי מן הראוי שעל מתן שירותים אלו כולם, יהיה אמון גוף אוטונומי המורכב מאנשים שיש להם ענין בקיום השירותים הדתיים ואין להטיל תפקיד זה על מחלקה בכל רשות מקומית.

3.2 **מספר המועצות הדתיות ופרישתן**

נכון למועד כתיבת דו"ח זה, קיימות במדינת ישראל 168 מועצות דתיות שכל אחת מהן מספקת את השירותים הדתיים המקובלים בתחום הרשות המקומית שבה היא פועלת. כך המצב הן בערים הגדולות המונות מאות אלפי תושבים והן במועצות מקומיות קטנות המונות לעיתים רק אלפים אחדים או אף מאות תושבים. כל מועצה דתית מחזיקה מבנה המשמש אותה לצרכיה. כמו-כן, מקיימת כל מועצה דתית מערך עצמאי הכולל את חברי המועצה, הנהלה מצומצמת, מזכירות ועובדים מקצועיים במחלקות השונות המספקות את השירותים הדתיים לסוגיהם. במקומות קטנים, לעיתים המערך יותר מצומצם כמתחייב מגודלו של המקום.

טעמים שונים מובילים לצורך לארגן מחדש את פרישת המועצות הדתיות. מועצות דתיות בערים הגדולות הינן בעלות היקף סביר ביחס לגודל האוכלוסיה אותה הם משרתות. לעומת זאת, רשויות מקומיות קטנות המשרתות אוכלוסיה מצומצמת, אינן יכולות להגיע לפיתוח מבנה יעיל של מועצה דתית. בנוסף, אירגון מחדש של המועצות הדתיות ופרישתן, יתכן ויביא ליעילות וחיסכון וישפר את השירות לאזרח.

המלצות הוועדה

הוועדה ממליצה להקטין את מספר המועצות הדתיות על ידי אימוץ ההמלצות המפורטות להלן:

(1) הקמת מועצות דתיות מחוזיות. הוועדה ממליצה להקטין את מספר המועצות הדתיות. תהיה מועצה דתית בתחום השיפוט של כל רשות מקומית שהיא עיריה, ואילו שירותי דת לתושבים שמחוץ לתחום השיפוט של עיריות (דהיינו - מועצות מקומיות, מועצות איזוריות ואחרים) יסופקו על ידי מועצות דתיות מחוזיות. בקביעת המחוזות יילקחו בחשבון מספר התושבים בכל מחוז, והפיזור הגיאוגרפי של הישובים במחוז. כל רשות מקומית בתחום המחוז שתהיה מעוניינת בכך, תוכל לבחור ועד מקומי דתי שיהווה את החוליה המקשרת שבין המועצה הדתית המחוזית ובין הרשות המקומית.

הוועדה ממליצה שלצורך מיפוי המחוזות, תמנה הממשלה וועדה מקצועית שתקבע את המועצות הדתיות המחוזיות שיקומו, תתחום את תחומי פעילותן וכן תקבע את ייצוגן ושיעור השתתפותן של הרשויות המקומיות בתקציב המועצה הדתית המחוזית שבתחומה הן נמצאות.

בדרך זו יוקטן באופן ניכר מספר המועצות הדתיות שאינן בתחומן של עיריות.

(2) מיזוג מועצות דתיות קיימות. מהעדויות ששמעה הוועדה מאזורים רבים במדינה, למדה הוועדה שישובים קטנים הסמוכים לישוב עירוני מרכזי נהנים משרותי דת שונים הניתנים בישוב העירוני המרכזי (כגון רישום נישואין) מבלי להזקק כלל למועצה הדתית שבישובים. הוועדה ממליצה שבמקום בו קיים ישוב עירוני מרכזי שבקירבתו קיימות מועצות דתיות קטנות, ימוזגו המועצות הקטנות עם מועצת הישוב העירוני המרכזי, כך שהישוב הקטן יהנה מהספקת שירותים דתיים על ידי הישוב העירוני הגדול הסמוך אליו. לדוגמא, ניתן למזג את המועצה הדתית מבשרת ציון עם המועצה הדתית ירושלים. מיזוג כגון זה יחייב את הישוב הקטן להשתתף באופן יחסי בתקציב המועצה הדתית העירונית הגדולה, והוא יהיה מיוצג יחסית למספר תושביו במועצה הדתית הגדולה.

(3) הקמת אגדי מועצות-דתיות לשירותים ספציפיים. הוועדה סבורה כי לא כל שירות דתי יש לספק באמצעות המועצה הדתית המקומית. לדעת הוועדה, אין הצדקה ששירות כדוגמת רישום נישואין או כשרות יהיה שירות שינתן בכל מועצה דתית. הוועדה ממליצה ששירות כגון זה ינתן במסגרת אחת עבור מספר מועצות דתיות באזור מסוים. לשם כך יוקמו אגדי מועצות דתיות לשירותים מסויימים כמקובל בתחום המוניציפלי במדינה.

(4) הקמת אגדי מועצות-דתיות לשירותים הדורשים התמחויות ספציפיות. כשכלול נוסף של ההמלצה הקודמת, ממליצה הוועדה על הקמת אגדי מועצות דתיות לשירותים יחודיים הדורשים התמחות ספציפית בהן תרכש ההתמחות עבור כלל המדינה או עבור מחוז שלה. לדוגמא, אחד השירותים אותם מספקות המועצות הדתיות הוא עירובין. שירות זה דורש התמצאות בהלכות הספציפיות הנוגעות אליו כמו גם שירותים אחרים הדורשים התמחות ספציפית. התמחות בשירות ספציפי של רשות מרכזית במדינה או בכל אחד ממחוזות המדינה שתהיה אחראית על הספקת שירות זה ותתמחה בו, תביא לשיפור של שירות זה לציבור ולהוזלתו. הקמתן של רשות מרכזית או רשויות מרכזיות אלו תביא, ממילא, להקצאת משאבים נכונה יותר כאשר במקום שבכל מועצה דתית יושקעו משאבים בלימוד ושיפור שירות זה, יושקעו המשאבים במרוכז להנאתם ורווחתם של כלל התושבים והאזרחים במסגרת אגד מועצות דתיות לאותו שירות.

(5) הקמת חברות לאספקת שירותי דת. הוועדה ממליצה על הקמת חברות לאספקת שירותי דת או הוצאת מכרזים לקבלנים שיוכלו לספק חלק מן השירותים הדתיים, ובדרך זו תושג "הפרטה" של שירותים אלו. לדוגמא, חברות שיתמחו בשירותים כמו התקנה ואחזקה של עירוב, בתי מטבחיים, אחזקת בתי עלמין, וכדומה.

(6) <u>הקמת מועצות דתיות חדשות</u>. הוועדה ממליצה כי בעתיד שר הדתות טרם שיכונן מועצה-דתית חדשה, להקים ועדה לבדיקת הצורך בהקמת המועצה הדתית, בדומה לוועדת חקירה המוקמת לחקירה בדבר הצורך בהקמת עיריה. השר לענייני דתות יכריז על המועצה הדתית החדשה לאחר עיון בתסקיר הוועדה.

לעניין יישום המלצות (2), (3), (4) ו-(5) לעיל, הלכה למעשה, ממליצה הוועדה שתוקם וועדה מקצועית בה יכהנו 3 חברים נציגים של המשרד לענייני דתות, משרד הפנים ומשרד האוצר. הוועדה תשמע את נציגי מרכז השלטון המקומי וארגון המועצות האזוריות.

3.3 <u>מספר חברים במועצה דתית</u>

החוק קובע ששר הדתות מוסמך לקבוע את מספר חברי המועצה הדתית, ובלבד שמספר חברי המועצה הדתית לא יעלה על מספר חברי הרשות המקומית. למעשה, בכל המועצות הדתיות הקיימות, מספר חברי המועצה זהה למספר חברי הרשות המקומית.

בהסתמך על הנתונים שהיו בפני הוועדה, נראה שאין צורך בגוף בסדר גודל זה. גודל הגוף מהווה הכבדה מיותרת על תיפקודו כאשר גוף מצומצם יותר חזקה עליו שיפעל ביתר יעילות ובחסכון. בנוסף לכך, נראה כי המצב הקיים הינו עיוות רצונו של המחוקק.

<u>המלצת הוועדה</u>

הוועדה ממליצה שהשר לענייני דתות יבחן את המצב הקיים כאשר לנגד עיניו צריכה לעמוד השאיפה, שלמעט מקרים יוצאים מן הכלל, מספר חברי המועצה הדתית לא יעלה על שני שלישים (2/3) מחברי הרשות המקומית שבתחומה מכהנת המועצה הדתית, ובלבד שמספר החברים יהיה לא זוגי. למשל, בעיר אשר בה מספר חברי מועצת העיריה הוא 31, לא יעלה מספר חברי המועצה הדתית על 21. במועצות דתיות מחוזיות ובמועצות דתיות שימוזגו ממספר מועצות דתיות (ראה המלצות 1 ו-2 בסעיף 3.2 לעיל), יקבע השר לענייני דתות את מספר חברי המועצה הדתית.

3.4 יו"ר מועצה דתית, סגני יו"ר מועצה דתית ומנכ"ל מועצה דתית

תקנות בדבר ניהול מועצות דתיות שהוצאו מכח חוק תקציבי השירותים הדתיים היהודיים, תש"ט-1949, קובעות, שחברי המועצה הדתית בוחרים באחד מחבריה כיו"ר המועצה הדתית. כן רשאית המועצה הדתית לבחור סגן ראש מועצה או יותר מסגן ראש מועצה אחד, במספר שאושר על ידי שר הדתות, וכן גזבר מבין חבריה.

מבין חברי המועצה, במקומות שקיים אישור לכך, יו"ר המועצה הדתית מכהן בשכר וכך גם סגני היו"ר. נפח המישרה המאושרת ליו"ר המועצה הדתית ולסגניו משתנה ממקום למקום בהתאם לגודלו.

לפי הנתונים שנמסרו לוועדה, מכהנים כיום בשכר כ-90 יושבי ראש של מועצות דתיות, המתחלקים בכ-73 תקנים של 100% משרה, וכ-58 סגנים המתחלקים בכ-37 תקנים של 100% משרה. הוועדה מצאה, שבמקומות מסויימים מכהנים בשכר יו"ר המועצה הדתית ולצידו גם מספר סגני יושב-ראש בשכר.

המלצות הוועדה:

(1) הוועדה ממליצה לשנות את המצב הקיים כך שב-3 הערים הגדולות (ירושלים, תל-אביב וחיפה) יכהנו עד 3 סגנים ליושב ראש, שאחד מהם בלבד יכהן בשכר והוא יהיה גם מ"מ היושב ראש בשכר. במועצות דתיות אחרות, שהן בתחום שיפוטה של עיריה, היו"ר יכהן בשכר ולו יהיו שני סגנים ללא שכר. אחד הסגנים יהיה גם מ"מ היו"ר ויקבל שכר רק בגין התקופה בה הוא ממלא את מקומו של היו"ר ובלבד שתקופה זו לא תפחת מ-3 חודשים.

(2) כדי לייעל את תיפקודן של המועצות הדתיות, ממליצה הוועדה למנות ב-3 הערים הגדולות מנהל כללי מקצועי בשכר למועצה הדתית, שיהיה אחראי לתיפקוד בפועל של המועצה הדתית בדומה לתפקידו של מנהל כללי במשרד ממשלתי. במועצות דתיות אחרות, שהן בתחום שיפוטה של עיריה, ימונה מנהל אדמיניסטרטיבי למועצה-הדתית. עם מינויו של מנהל אדמניסטרטיבי תבוטל משרת מזכיר המועצה הדתית ותצומצם משרת הגזבר.

3.5 <u>דרך כינון מועצה דתית חדשה</u>

חוק שירותי הדת קובע שהרכבה של כל מועצה דתית יתחדש בתום ששה חודשים מיום בחירתה של הרשות המקומית.

על פי החוק הנ"ל 45% ממספר חברי המועצה הדתית הם מועמדי השר לענייני דתות, 45% ממספר חברי המועצה הדתית הם מועמדי הרשות המקומית ו-10% הם מועמדי הרבנות המקומית.

במקרה שהרשות המקומית לא הציעה לשר לענייני דתות מכסת מועמדים למועצה הדתית תוך שלושים יום מיום שנשלחה אליה דרישת השר, תישלח לה דרישה נוספת. אם הרשות המקומית לא נענית לדרישה הנוספת תוך חמישה עשר יום מיום שנשלחה, רשאי השר לענייני דתות להציע את מכסת המועמדים שנועדה לרשות המקומית. ההוראות הנ"ל חלות גם על מיכסת המועמדים של הרבנות המקומית.

חוק שירותי הדת קובע שעל שלוש הרשויות, קרי השר לענייני דתות, הרשות המקומית והרבנות המקומית, לחוות דעתן על המועמדים מבחינת התאמתם לשמש חברי המועצה ומבחינת ייצוגם המתאים של הגופים והעדות המעוניינים בקיומם של שירותי הדת היהודיים במקום בו מוקמת המועצה הדתית. משמעותה המעשית של הוראה זו הינה הקניית זכות וטו לכל אחד מהגופים הממנים. לענין זה קובע החוק כי אם נתגלעו חילוקי דעות בין שלוש הרשויות, יובאו להכרעת ועדת שרים שחבריה הם ראש הממשלה, והוא יהיה היושב ראש, השר לענייני דתות ושר הפנים או נציגיהם; ערער שר על החלטת הוועדה, תכריע הממשלה.

עוד קובע החוק כי אם מועצה דתית אינה ממלאת את תפקידיה, יכול השר לענייני דתות למנות ועדת חקירה שבין חבריה נכלל נציג היועץ המשפטי לממשלה, שתחקור את הנעשה במועצה הדתית. לאחר עיון בדו"ח ועדת החקירה, רשאי השר לענייני דתות לפזר את המועצה הדתית ולמנות במקומה ועדה ממונה.

- 24 -

הוועדה סבורה כי סוגית המבנה וההרכב של המועצות הדתיות פוגמת קשות בתיפקודן של מועצות דתיות רבות ומשפיעה בהכרח על מעמדן הציבורי הירוד. הוועדה סבורה עוד שדרך הכינון של מועצה דתית והרכבתה המתוארים לעיל, פגומים מאוד ומובילים לשורת ליקויים כדלקמן:

3.5.1 חלקו היחסי הגדול של השר לענייני דתות בהרכבתה של מועצה דתית הביא למצב שלמעשה השליטה במועצות הדתיות הוא נחלתה של המפלגה השולטת במשרד הדתות. עובדה זו סותרת את העקרון הקבוע בחוק שירותי הדת לפיו יש לראות בחברי המועצה הדתית יצוג מתאים של הגופים והעדות המעונייניים בקיומם של שירותי הדת היהודיים במקום, עקרון המבוסס על היות השירותים הדתיים לפי מהותם שירותים מקומיים.

3.5.2 הוראות חוק שירותי הדת המחייבות הסכמה מלאה בין הרשויות המרכיבות את המועצה הדתית, מביאות לסירבול או אף לשיתוק הליך הרכבתה של מועצה דתית חדשה, מאחר ובהרבה מקרים רשויות אלה מתקשות להגיע להסכמה ביניהן ועד שמושגת הכרעה בשאלת הרכבה של המועצה הדתית, חולף זמן רב. הוועדה התרשמה כי למרות הוראות החוק כמעט ואין מועצה דתית חדשה שהליך הרכבתה מסתיים בתוך שישה חודשים מיום בחירת הרשות המקומית במקום. לעיתים אף חולפת קדנציה מלאה של הרשות המקומית מבלי שהוחלפה המועצה הדתית בתחום אותה רשות.

רק לאחרונה העיר על כך נשיא בית המשפט בעליון במסגרת פסק דין בעתירה לבית המשפט הגבוה לצדק (בג"צ 5420/92) שעניינה הרכבת המועצה הדתית ברחובות. המועצה הדתית החדשה ברחובות היתה צריכה לעמוד על מכונה סביב יום 28.8.1989, היינו, בתום ששה חודשים ממועד הבחירות לרשות המקומית. אולם, בשל כשל במלאכת ההרכבה עומד ענין זה להסתיים רק עתה, היינו בשנת 1993. עוד העיר נשיא בית המשפט העליון שלא פחותות בחומרתן הן המחלוקות סביב המינויים והאינטרסים הנוגדים, חלקם זרים לענין, שמצאו להם אחיזה איתנה בכל השלבים של הרכבת המועצה. לכן קרא הנשיא לבצע תיקונים בחקיקה, שימנעו את הישנות התופעות המתוארות לעיל.

הוועדה בדיוניה בחנה אפשרויות שונות לשינויים דרסטיים באופן כינונה של מועצה דתית. בין השאר, נבחנה האפשרות לקיים בחירות כלליות למועצות הדתיות בצמוד לבחירות לרשויות המקומיות. נבחנה גם האפשרות להקים גוף בוחר בכל רשות מקומית שיבחר את המועצה הדתית בדומה לגוף הבוחר, הבוחר את הרבנים הראשיים לישראל. לאחר דיון באפשרויות הנ"ל, הגיעה הוועדה למסקנה כי אין הצדקה לקיים בחירות כלליות לגוף כמו מועצה דתית ובמיוחד שקיומן של בחירות כלליות עשוי להשפיע על צביונו של הגוף. לענין בחירת מועצה דתית על ידי גוף בוחר, הגיע הוועדה למסקנה שעל אף שפתרון זה נראה לכאורה כמתאים לפתרון הבעיות עליהן הצביעה הוועדה לעיל, הרי שיישומו המעשי של פתרון זה ובמיוחד המפתח להקמת הגוף הבוחר ובחירת הנציגים לגוף זה, כמעט בלתי אפשרית לנוכח ריבוי הגורמים שעליהם לקחת חלק בגוף הבוחר.

<u>המלצות הוועדה</u>

הוועדה סבורה כי הנסיון המצטבר מאז נחקק החוק, כמו גם אופיים של השירותים הדתיים שהינם שירותים בעלי אופי מקומי, מחייב חיזוק הנציגות המקומית, דהיינו הרשות המקומית והרבנות המקומית, בהרכבתה של מועצה דתית. הוועדה רואה בחיוב השארתו של השלטון המרכזי כגורם בהרכבתה של מועצה דתית לשם הבטחת מעמדם המיוחד של השרותים הדתיים היהודיים ושמירת אופיים.

הוועדה ממליצה לשנות את הרכב הרשויות המרכיבות את המועצות הדתיות כדלקמן:

55% - ממספר חברי המועצה הדתית יתמנו על-ידי הרשות המקומית (במקום 45% היום);

25% - ממספר חברי המועצה הדתית יתמנו על-ידי הרבנות המקומית (במקום 10% היום);

20% - ממספר חברי המועצה הדתית יתמנו על-ידי שר הדתות (במקום 45% היום);

הרכב הנציגות של הרשות המקומית ישקף, ככל האפשר, את מיגוון ההרכב של מועצת הרשות המקומית.

מועמדי הרבנות המקומית יבחרו על ידי הרבנים המקומיים בהתייעצות עם רבני השכונות, באם מכהנים כאלה במקום, ובהתייעצות עם בתי הכנסת הגדולים במקום.

עוד מממליצה הוועדה שיבוטל הצורך בהסכמה הדדית בין הרשויות המרכיבות את המועצה הדתית. כל רשות תמנה את נציגיה למועצה לפי המיכסה המוקצית לה וכלל החברים שימונו יכהנו כמועצה הדתית החדשה.

אם אחת הרשויות לא מינתה את נציגיה תוך שלושה חודשים מיום הבחירות לרשות המקומית, תחול על השר לענייני דתות החובה למנות את הנציגים במקום אותה רשות.

<u>דעת מיעוט של חבר הוועדה מר חיים קוברסקי:</u>

מקובלת גם עלי הגישה המחייבת הגדלת המרכיב המקומי במועצה הדתית אולם אין מקום להעניק בשל גישה זו רוב מוחלט בקביעת המינויים לרשות המקומית. הרשות המקומית, כשר לענייני דתות, יש לה מאפיינים פוליטיים מובהקים ואין זה מן הצדק לקצץ באופן דרסטי היקף המינויים על ידי השר לענייני דתות ולהרחיב בה בעת את היקף המינויים על ידי הרשות המקומית, שגם היא מורכבת מאישים פוליטיים. גם שרים אחרים - ולא רק השר לענייני דתות - יש להם סמכויות מינוי חברים בגופים סטטוטוריים והן מוסיפות להתקיים ללא שינוי.

השינוי המוצע ע"י הרוב בוועדה משנה מיסודו מצב שנועד להבטיח מאפייניה של מועצה דתית, שתהא מורכבת מרוב של נציגים שומרי תורה ומצוות מובהקים. שינוי זה עלול ברבות הימים לערער מציאות מתמשכת זו.

הגברת המרכיב המקומי בדין שייעשה ע"י הפחתה מקבילה מאחוז המינויים של הגופים השלטוניים - השר והרשות המקומית כאחד - והרחבת היקף המינויים ע"י גורמים מקומיים. האפשרות המוצעת על ידי:

- 40% - ימונו ע"י הרשות המקומית.
- 40% - ימונו ע"י השר לענייני דתות.
- 20% - ע"י הרבנות המקומית (בהתיעצות עם רבני השכונות ובהתיעצות עם בתי הכנסת הגדולים בישוב).

<u>הערת יו"ר הוועדה מר חיים י. צדוק:</u>

אני סבור שאין הצדקה שהשלטון המרכזי (המשרד לענייני דתות) יהיה מיוצג במועצה דתית כשם שאין משרד הפנים מיוצג ברשויות המקומיות. לדעתי, מן הראוי להפקיד את סמכות המינוי של מועצה דתית בידי הרשות המקומית והרבנות המקומית בלבד: 75% בידי הרשות המקומית ו-25% בידי הרבנות המקומית. אני מצטרף להמלצת הרוב בוועדה, כשאני רואה את סמכות המינוי שניתנת למשרד לענייני דתות (20%) כגורם מווסת בלבד.

4. סל שירותים דתיים

4.1 כללי

חוק שירותי הדת אינו קובע מהו סל השירותים הדתיים שעל מועצה דתית לספק. כל אשר אומר החוק בסעיף 7 הוא: "מועצה מוסמכת לטפל בסיפוק שירותי דת".

סל שירותי הדת הנהוג במועצות הדתיות מבוסס על השירותים המפורטים בטופס "אומדן תקציב המועצה הדתית" שעל-פיו, בהתאם להוראות תקנות תקציבי שירותי הדת היהודיים, התשמ"ה-1985, קובעת מועצה דתית את תקציבה.

העובדה שסל השירותים הדתיים איננו מוגדר כדבעי, יוצרת מצב של העדר עדיפות בין שירותים הנדרשים יותר ובין שירותים הנדרשים פחות וכן העדר אחידות ברורה לגבי השרותים הדתיים שכל מועצה דתית חייבת לספק. מצב דברים זה גורם לעיתים בזבוז כספי ציבור.

הוועדה סבורה שלאחר 45 שנות קיומה של המדינה בהן הטילה המדינה על עצמה סיפוק שירותים דתיים לאזרחיה היהודים, הגיעה העת לקבוע בצורה אחידה סל שירותים דתיים אותו המדינה רואה לעצמה חובה לספק לאזרחיה היהודים.

<u>המלצות הוועדה</u>:

הוועדה ממליצה לקבוע סל שירותים דתיים, וזאת לפי שלוש קטגוריות כדלקמן:

א. שירותי חובה - סל שירותים זה יכלול את השירותים שעל המדינה לספק ע"ח כספי הציבור לכלל תושביה היהודים. בקטגוריה זו ייכללו השירותים הבאים: רבנות ונישואין, כשרות ושחיטה, טהרת המשפחה (מקוואות), שירותי קבורה ועירובין.

ב. שירותים מקובלים - שרותים דתיים שמקובל לתת אותם ולתקצבם כשירותי רשות ולא שירותי חובה. המדינה תסייע במתן שרותים אלו על-פי עקרונות וקווי פעולה מקובלים בשרותים אחרים (כגון: תרבות, עבודה קהילתית). בקטגוריה זו ניתן לכלול את השירותים הבאים: הקמת בתי כנסת ותמיכה בהם ופעילות תרבות תורנית.

ג. שירותים נוספים - שירותים שהציבור המקומי בכל מועצה דתית מעונין בהם. לדוגמה: בית דין לממונות שמקיימת המועצה הדתית בירושלים. שירותים אלו יסופקו רק אם הם מקיימים את עצמם מבחינה תקציבית מאגרות שהציבור ישלם בעדם או מתרומות ומענקים (עזבונות) שיועדו למטרות אלו.

4.2 __הרבנות המקומית__

ענין הרבנים המכהנים כרבנים מקומיים בתחום המועצות הדתיות מוסדר בתקנות בדבר בחירת רבני עיר שהותקנו מכוח חוק שירותי הדת.

לפי התקנות, בישוב שהוא עיריה או מועצה מקומית יהיה רב עיר אחד, אולם אם עלה מספר תושבי הישוב היהודים על 6,000, יהיו בישוב שני רבני עיר, אחד ספרדי ואחד אשכנזי, אם דרשו זאת המוסדות היצוגיים של הציבור הספרדי או האשכנזי במקום, לפי הענין.

למעט מקרים המפורטים בתקנות, רב עיר שנבחר מכהן עד הגיעו לגיל 75, אולם מועצת הרבנות הראשית רשאית להאריך את גיל הפרישה, על פי בקשת רב העיר, למשך תקופה נוספת שלא תעלה על חמש שנים.

הוועדה סבורה כי ההסדר הקיים שלפיו מכהנים ברבנות שני רבנים - אחד אשכנזי ואחד ספרדי - אינו הולם עוד את אופיו ואת צרכיו של הציבור היהודי בימינו. המגמה חייבת להיות מעבר הדרגתי לכהונת רב עיר אחד עד ביטולה המלא של כפילות זו שאבד עליה הכלח.

זאת ועוד, כהונתם של שני רבנים, אחד אשכנזי ואחד ספרדי, בהרבה מהמקומות אינה עולה יפה. העובדה שיש שני מלכים המשמשים בכתר אחד היא, במקרים רבים, גורם לסיכסוכים ולשיבושים בתיפקודה של הרבנות המקומית.

גם העובדה שרב עיר נבחר למעשה לכל ימי חייו, בלא מתן אפשרות לציבור שבחר אותו לחוות דעתו על תיפקודו אינה סבירה. במיוחד תמוהים הדברים לאור חוק הרבנות הראשית לישראל, תש"ם-1980, הקובע, שהרבנים הראשים לישראל יכהנו בתפקידם 10 שנים בלבד.

המלצות הוועדה:

1. הוועדה ממליצה, כשלב מעבר, שרק בעיריות יהיו שני רבני עיר, אחד אשכנזי ואחד ספרדי. ברשויות מקומיות שאינן עיריות יכהן רב עיר אחד. ברשויות מקומיות שבעתיד יוכרזו כערים ימשיך לכהן רב אחד, גם לאחר הפיכתן לעיריה.

2. באשר לתקופת כהונתם של רבני עיר, ממליצה הוועדה כדלקמן:

2.1 רב עיר ייבחר לתקופה של 10 שנים.

2.2 רב עיר יוכל להציג את מועמדותו לקדנציה נוספת של 10 שנים הסמוכה לתקופת כהונתו כרב עיר.

2.3 מועמד יהיה כשיר להציג את מועמדותו לכהונת רב עיר אם טרם מלאו לו 65 שנה.

דעת מיעוט של חבר הוועדה מר חיים קוברסקי:

הסתייגותי מסעיף זה מיוסדת על החשש שהנהגת בחירות לתקופות קצובות נזקה מרובה מתועלתה. ספק בעיני אם בסמכותה של הוועדה לדון בנושא זה. בכל אופן, לאחר עיון מעמיק הגעתי למסקנה שאין להגביל כהונת רבנים ל-10 שנים. מקובל ביהדות כי רב מכהן לכל ימי חייו. לכל היותר ניתן להגביל כהונתם עד לגיל 70, כמו שופטים ודיינים. כל הצעה אחרת תביא לתקלות ואי-נחת. הבחירות לרבנות הראשית וכל אשר נלווה להן הוכיחו זאת והדבר יהיה חמור יותר כאשר יהיו בחירות תקופתיות לרבנים מקומיים. ייפתחו מאבקים בלתי מכובדים. הדבר יפגע גם בכושר תפקודם של רבנים לקראת סיום תקופת כהונתם. ספק בעיני אם בכתב המינוי הוסמכה הוועדה לדון בעניין זה דווקא. דיון בסוגיה זו מחייב גם שיתוף רבנים ואנשי הלכה. לפיכך, אני ממליץ על הצורך והאפשרות בשכלול המצב הקיים או בחינה ציבורית בשיתוף אנשי ציבור מתחומים רלוונטיים ואישי הלכה. דרושה התעמקות נוספת בעניין ומסתייג אני מהמלצה חד-משמעית, שיסודה באי-נחת ממציאות קיימת, אך חסרה בה הרגישות וחוסר ידע נוסף בוועדה להכרעה בבעיה.

4.3 __שירותי קבורה__

שירותי הקבורה מוסדרים על פי תקנות בדבר חברות לענייני קבורה של יהודים, שהותקנו מכוח חוק שירותי הדת. לפי התקנות חברה קדישא או כל אדם העוסק בקבורת נפטרים יהודיים, חייב ברשיון קבורה מאת השר לענייני דתות. התנאים לקבלת רשיון הם:

(1) החברה תחתום על הסכם עם המוסד לביטוח לאומי לפי תקנה 3 לתקנות הביטוח הלאומי (דמי קבורה), תשל"ו-1976 (להלן: "תקנות הביטוח הלאומי"), והיא לא תדרוש ולא תגבה בקשר לקבורה כל סכום אחר מלבד הסכום שנקבע בהסכם עם המוסד לביטוח לאומי כאמור.

(2) החברה תגיש לשר דינים וחשבונות בצורה ובמועדים שהשר יקבע, אם בדרך כלל ואם לחברה פלונית.

בפועל, מתחלק הטיפול בשירותי הקבורה של יהודים בישראל לשתי קבוצות. קבוצה אחת היא של מקומות שבהם מספקת המועצה הדתית את שירותי הקבורה והיא מקבלת רשיון קבורה מהשר. קבוצה שניה היא של מקומות שבהם פועלות חברות קדישא עצמאיות המאוגדות כעמותות וגם הן מקבלות רשיון קבורה מהשר. הקבוצה השניה היא בעיקר בערים הגדולות כמו חיפה, תל-אביב וירושלים.

תקנות הביטוח הלאומי מפרטות את תנאי ההסכם שבין חברות הקדישא (משתי הקבוצות) לבין הביטוח הלאומי. תקנה 2 קובעת:

> "דמי קבורה בסכומים הנקובים בתקנות אלה ישולמו על ידי המוסד לחברה המטפלת בקבורת המת ושאינה תובעת ואינה מקבלת בקשר לקבורה ולהקמת מצבה, בין במישרין ובין בעקיפין, אגרת שירותים או כל תשלום אחר בנוסף לתשלום לפי תקנות אלה".

יחד עם זאת, תקנה 3 קובעת את המקרים בהם חברה קדישא רשאית לגבות תשלום נוסף לתשלום שהיא מקבלת כדמי קבורה מהביטוח הלאומי כדלקמן:

- 32 -

(1) קבורה באחד מבתי העלמין הסגורים.

(2) קבורה בבית עלמין בשטחים מוגדרים שהוסכם עליהם בין המוסד לביטוח לאומי לבין החברה קדישא ובלבד שהשטחים המוגדרים לא יעלו על 15% ממקומות הקבורה הפנויים ביום חתימת ההסכם בבית עלמין קיים ועל 10% בבית עלמין חדש.

(3) קבורה באחוזת קבר שנרכשה בחיי הנפטר.

כן מאפשרות תקנות הביטוח הלאומי במקרים של הוצאות מיוחדות הנוגעות לקבורה כגון קבורה בשטח סלעי, לגבות סכומים נוספים המפורטים בתקנות.

לכאורה, כל קבורה בישראל, למעט החריגים המפורטים לעיל, אסור שתהיה כרוכה בתשלום כלשהו על ידי האזרח. אולם, הוועדה קיבלה מספר רב של תלונות מהציבור שעניינן התשלומים הנגבים על ידי חברות הקדישא, בעיקר העצמאיות, בקשר לשירותי קבורה.

החלונות עסקו בעיקר בתשלומים המופרזים הנגבים על ידי חברות הקדישא בעד רכישת חלקת קבר מחיים על ידי בן זוגו של אדם שהלך לעולמו, המבקש להבטיח שחלקת הקבר בה הוא יטמן תהיה סמוכה למקום קבורת בן הזוג.

כן הועלו טענות על התשלומים הנגבים בגין בקשות להקבר בבתי עלמין מסויימים ועל התשלומים הנגבים מיהודים מהתפוצות המבקשים לקבור את יקיריהם בישראל.

בנוסף, נשמעה ביקורת על כך שאין פיקוח על הנעשה בחברות הקדישא העצמאיות. עמותות אלו מספקות שירות רגיש מאוד שצריך להנתן חינם לכל אזרח אך אין פיקוח של ממש על הנעשה בהן. לא ידועים ברבים מאזניהן, הכנסותיהן והוצאותיהן של העמותות, מה המשכורות המשולמות לעובדי העמותות, מה הקריטוריונים לקבלת עובדים בעמותות אלה, ומה הקריטריונים לקביעת גובה התשלומים החריגים שהדין מאפשר לעמותות אלה לגבות.

העוסקים בעבודה זו, שהיא עבודת קודש, טוענים כי כל פעולותיהן של חברות הקדישא נעשות כדין וכל התשלומים החריגים הנגבים על ידיהן הם במסגרת המותר.

יחד עם זאת, הוועדה התרשמה כי המצב הקיים לקוי ביותר ומחייב תיקון יסודי. הוועדה סבורה שלא יתכן ששירות שמלכתחילה נועד להיות ממומן כולו מכספי הביטוח הלאומי יתלוו לו חריגים כה רבים שעליהם אין פיקוח של ממש וכן שלא יהיה כל פיקוח על תנאי עבודתם של האנשים העוסקים במתן שירות זה.

<u>המלצות הוועדה</u>:

(1) יש להסדיר את נושא שירותי הקבורה בחוק נפרד לפיו השר לענייני דתות יהיה מוסמך לתת זכיון לחברה קדישא לעסוק בענייני קבורה. מכח חוק זה יהיה השר רשאי להתקין תקנות, בין השאר, בעניינים המפורטים בהמלצות הבאות להלן. עוד לפני חקיקת החוק הנפרד בענין שירותי הקבורה, יש לאמץ את ההמלצות המפורטות להלן במסגרת המצב החוקי הקיים.

(2) השר לענייני דתות יתקין תקנות שבהן יפורטו התשלומים המירביים בגין רכישת קבר מחיים, קבורה במקומות מיוחדים וקבורה בבתי עלמין סגורים.

(3) בקביעת התשלומים המירביים, יש לקבוע תשלומים שונים עבור רכישת חלקת קבר מחיים על-ידי שני בני זוג. רכישת חלקת קבר מחיים על-ידי בן-זוג המבקש לרכוש חלקת קבר ליד בן-זוגו שהלך לעולמו, שתעריפה יהיה נמוך יותר מרכישת חלקת קבר מחיים על-ידי שני בני-זוג. אפשר לקבוע בתקנות תשלומים גבוהים יותר עבור רכישת חלקת קבר על ידי אנשים שאינם תושבי ישראל.

- 34 -

(4) ייאסר לחלוטין על חברה קדישא לגבות כל סכום שגבייתו לא הותרה בתקנות.

(5) המשרד לענייני דתות יהיה ממונה על שירותי הקבורה, יאכוף את החוק והתקנות באמצעים המסורים לידו ויקבל מחברות הקדישא העצמאיות דינים וחשבונות באופן סדיר.

(6) כל חברה קדישא תהיה גוף מבוקר על ידי מבקר המדינה ובכל חברה קדישא יתמנה מבקר פנימי על פי חוק הביקורת הפנימית, תשנ"ב-1992.

(7) במקומות בהם ההכנסות העצמיות של חברות הקדישא אינן מאפשרות אחזקה ופיתוח נאות של בתי העלמין, יש להגדיל את תקציב האחזקה והפיתוח של בתי העלמין שבתחום אחריותן של חברות קדישא אלו.

4.4 כשרות

4.4.1 כללי

בשונה משירותים דתיים אחרים, נושא הכשרות מוסדר במפורש בחקיקה. חוק הרבנות הראשית לישראל, תש"ם-1980, מסמיך את מועצת הרבנות הראשית לישראל לתת תעודות הכשר על כשרות. חוק איסור הונאה בכשרות, התשמ"ג-1983, מסמיך ליתן תעודות הכשר את מועצת הרבנות הראשית או רב שהיא הסמיכה לכך, רב מקומי המכהן במקום שבו נמצא בית האוכל, מקום השחיטה או מקום ייצור של מצרך, ובצה"ל - את הרב הראשי לצבא הגנה לישראל או רב צבאי שהוא הסמיך לכך.

בתקנות שהותקנו מכח חוק איסור הונאה בכשרות על ידי השר לענייני דתות, בהסכמת שר המשפטים ובאישור ועדת חוקה, חוק ומשפט של הכנסת, נקבע, בין היתר, טופס בקשה לקבלת תעודת הכשר. מתכונתו של טופס זה נותנת ביטוי עקיף להכרה של מתקיני התקנות ביחסי הגומלין בין הרב המקומי, בעל הסמכות לפי החוק לתת תעודות הכשר, לבין המנגנון הקיים של המועצה הדתית שמטפל בפועל בכל הקשור בהוצאת התעודה על פי חוק שירותי הדת.

ואכן, בכל מה שנוגע למתן תעודות הכשר במישור המקומי, במקומות שיש בהם מועצות דתיות, ממשיכות אלה, גם לאחר חקיקת חוק איסור הונאה בכשרות, לטפל בנושא הכשרות כפי שטיפלו בו לפני חקיקת החוק הנ"ל מכוח חוק שירותי הדת. מכוח חוק זה, גובות המועצות הדתיות אגרה בעד תעודת ההכשר אשר ניתנת בתיאום עם הרבנות המקומית ובשמה.

חוק איסור הונאה בכשרות קובע שבמתן תעודות כשרות יתחשב הרב בדיני כשרות בלבד. בית-המשפט העליון (בג"צ 465/89) קבע ש"החוק בא לענות על הצורך בשמירה על אותו "גרעין קשה" של דיני כשרות המזון - ייצורו, הכנתו והגשתו - ולהבטיח שתעודת הכשר תינתן רק למי שמקפיד על אלה, ללא קשר למידת שמירתו של אותו בעל עסק על דיני הלכה אחרים, בין באורחות חייו הפרטיים של מבקש תעודת ההכשר ובין באופן ניהולו את בית עסקו, כל עוד אין בכך כדי לפגוע בכשרות המזון הנמכר או המוגש על ידיו".

דו"ח מבקר המדינה מספר 42 לשנת 1991, עסק בהרחבה בענייני הכשרות, ובהם מחלקת הכשרות הארצית, הנפקת תעודות הכשר, פיקוח שוטף והסרת תעודת הכשר וכן משגיחי הכשרות - בחירתם, מעמדם והפיקוח עליהם. הוועדה מצטרפת לממצאים ולהמלצות שבדו"ח מבקר המדינה. ממצאים והמלצות אלו ישולבו להלן בדו"ח זה.

4.4.2 הנפקת תעודת כשרות

הנפקת תעודת הכשר נעשית בכל מקום ומקום על ידי הרבנות המקומית. בבדיקותיה מצאה הוועדה, שאם כי קיימות מחלקות כשרות מסודרות במסגרת המועצות הדתיות, הרי בדרך כלל נושא הנפקת תעודות ההכשר והפיקוח על הכשרות נעשה בעיקר על בסיס אמון שבין הרבנות המקומית, נותנת התעודה, לבין מבקש התעודה, כפי שהדבר היה מקובל בקהילות ישראל מקדמת דנא, ולא על בסיס של קריטריונים קבועים שיקבעו את הדרישות שיש לתבוע ממבקש התעודה כפי שהדבר נעשה בכל מערכת מינהלית במדינה מתוקנת. בנוסף, המועצות הדתיות, בדרך כלל, אינם קובעות כללים וקריטריונים קבועים בדבר היקף ההשגחה הנדרש אצל כל מושגח בהתאם לסוג עיסקו ואינה קובעת את תפקידיו של המשגיח.

מחלקת הכשרות הארצית שליד הרבנות הראשית לישראל שמתפקידה להיות מורת דרך למועצות הדתיות בכל הנוגע להנהגת כללים כאמור, אינה עושה די בנושאים אלו וכל מועצה דתית עושה דין לעצמה לפי מיטב הבנתה.

אכן, גם אם המערכות המינהליות אינן בנויות כדבעי, נמצאו בין המועצות הדתיות והרבנויות המקומיות מערכות הכשרים שעליהם סומך כלל הציבור, לרבות אותם חלקים בציבור שבדרך כלל אינם סומכים על מערכות הכשרות של הרבנות הממלכתית.

בפני הוועדה הופיעו נציגי הרבנות המקומית בצפת יחד עם המועצה הדתית צפת והציגו לוועדה קובץ נוהלי כשרות מסודר ובו נוהלים קבועים בכתב למתן תעודות כשרות לבתי עסק מסוגים שונים ובכלל זה היקף ההשגחה הנדרשת בבית העסק ופירוט הדרישות מבית העסק בהתאם לרמת הכשרות אותה הוא מבקש לקיים בבית העסק שלו, כשרות רגילה וכשרות למהדרין. נוהלים אלה כוללים גם כללים לגבי בחירת משגיחים דרך קבלתם והכשרתם. הוועדה מציינת בהערכה את סדרי הכשרות הנהוגים בצפת ורואה בהם דוגמא לגישה נכונה לנושא.

4.4.3 משגיחי כשרות - בחירתם, הכשרתם והפיקוח עליהם

לא נמצא, בדרך כלל, במועצות הדתיות נוהל קבוע ומסודר לפיו נבחרים משגיחי כשרות, ובכלל זה פירוט הכישורים הנדרשים מהם, כגון השכלה ונסיון.

בחירת המשגיח נעשית בעיקר על בסיס שיחה אישית בין המועמד לבין הרב הממונה על הכשרות במועצה הדתית ללא בחינה מדוקדקת של רמת ידיעותיו וכישוריו.

כיום, אין מערך הדרכה ארצי או מקומי שיכשיר משגיחי כשרות לעבודתם, וגם השתלמויות המתקיימות לעיתים למשגיחי כשרות אינן השתלמויות ממוסדות ומסודרות המתקיימות לפי תכנית ארוכת טווח.

כל נושא הפיקוח על עבודתו של המשגיח לוקה בחסר. הדיווח של המשגיחים נעשה, אם נעשה, בדרך-כלל בעל פה במקום שיעשה בצורה מסודרת ושיטתית בכתב.

4.4.4 מעמד משגיחי הכשרות

מערך משגיחי הכשרות מחולק לשניים. ישנם משגיחי כשרות המועסקים על ידי המועצה הדתית ומקבלים את שכרם ממנה. משגיחים אלה נחשבים עובדי המועצה הדתית לכל דבר ועניין. אולם, החלק הארי הם משגיחי כשרות שמונו על ידי המועצה הדתית, אך מקבלים את שכרם מבעלי בתי העסק המושגחים.

מצב עניינים זה מביא למסקנה אותה קבע מבקר המדינה כדלקמן:

"מעמדם המשפטי של המשגיחים אינו מוגדר. מחד גיסא, המועצה הדתית ממנה אותם, משלבת אותם במערך הכשרות שהיא מפעילה, מפקחת על עבודתם ומוסמכת לפטרם מתפקידם.

מאידך גיסא, רוב המשגיחים תלויים בבעלי בתי העסק בכל הקשור לתנאי העבודה ולמשכורת. קיים איפוא מצב מעורפל בנוגע לזהות מעבידו של משגיח הכשרות. לא כל שכן כאשר הוא משגיח בכמה בתי עסק, ומקבל מכל אחד מהם חלק משכרו. הוא הדין כאשר שכר המשגיח משולם בידי בית העסק באמצעות המועצה הדתית.

...

תלותו של המשגיח בבעל העסק המשלם את שכרו מעמידה אותו במצב של ניגוד עניינים, מאחר שהאינטרסים הכלכליים של בעל העסק לא תמיד עולים בקנה אחד עם דרישות ההלכה. הדבר מקשה על המשגיח למלא כיאות את תפקידו." (דו"ח מבקר המדינה מספר 42 לשנת 1991, בעמ' 366-365).

נוסיף כי מצב דברים זה, כאשר קיימת תלות של המשגיח בבעל העסק המעסיק אותו, עלול גם לשמש קרקע פוריה למעשי שחיתות.

לאור המצב המתואר לעיל, ניסו מועצות דתיות במקומות שונים לפתור את הבעיות המתוארות בדרכים שונות. בכמה מועצות דתיות משכורתם של המשיגים המועסקים בבתי עסק משולמת באמצעות המועצה הדתית. הפתרון שנוסה במועצה הדתית רחובות היה הקמת עמותה, שמעסיקה את המשגיחים, והמשכורת בעבור ההשגחה מועברת מבתי העסק המושגחים לעמותה כאשר העמותה משלמת למשגיחים את שכרם. העמותה בעצם מנתקת את הקשר בין המפעל למשגיח ומהווה צינור לתשלום שכר המגיח בלבד. לאחרונה, הונהג ברחובות מודל אחר במקום עמותה והוא העסקת משגיחים דרך חברה לכוח אדם, תמורת עמלה שמשולמת לחברת כח האדם. הרבנות היא זאת שקובעת מי יהיו המשגיחים, מה יהיה היקף משרתם ותפקידם ומה יהיה שכרם. שכרם משולם על ידי המושגח לחברת כח אדם והיא זו שמשלמת את השכר למשגיח.

4.4.5 המלצות הוועדה בתחום הכשרות

4.4.5.1 הוועדה ממליצה לאמץ - לאחר בחינה על ידי מחלקת הכשרות של הרבנות הראשית לישראל - כבסיס לנוהל ארצי אחיד למתן תעודות הכשר, את קובץ נוהלי הכשרות בהתאמות והשלמות שיידרשו. קובץ זה כולל קריטריונים למתן תעודת הכשר, היקף ההשגחה ומספר המשגיחים הנדרשים אצל כל מושגח ונוהל בקשה לקבלת תעודת הכשר.

של הרבנות הראשית צפת

4.4.5.2 הוועדה ממליצה שבפיקוחה של הרבנות הראשית לישראל תוקם מכללה ארצית להכשרת משגיחים שתסמיך משגיחים לאחר שעמדו בבחינות שתקיים הרבנות הראשית לישראל. משגיחי כשרות יתמנו על ידי המועצות הדתיות על פי מכרזים. למכרזים על מישרות פנויות של משגיחים במערך הכשרות של הרבנויות בישראל יוכלו לגשת רק משגיחים בעלי תעודת הסמכה מאת הרבנות הראשית לישראל.

4.4.5.3 הוועדה ממליצה להקים ליד כל מועצה דתית תאגיד שיעסיק את משגיחי הכשרות במקום. נראה לוועדה כי סוג התאגיד המתאים למטרה זו הוא תאגיד שלא למטרות רווח בצורה של חברה מוגבלת בערבות וללא הון מניות. התאגיד ינוהל על-ידי הנהלה עצמאית שתיבחר על-ידי המועצה הדתית, אך רוב חברי ההנהלה לא יהיו חברי המועצה הדתית. המימון של התאגיד יבוא כולו מהמושגחים, כך שהתאגיד יהיה למעשה משק סגור ויפעל על בסיס הכנסות והוצאות, לרבות הוצאות תקורה מינימליים. על התאגיד יהיה לבטח את זכויות המשגיחים לפנסיה ופיצויים בקרנות פנסיה ולא בדרך של פנסיה תקציבית.

- 40 -

המשגיחים יהיו, כאמור, עובדים של התאגיד ולא יהיו קיימים, מבחינה משפטית, יחסי עובד-מעביד בין המשגיחים למועצה הדתית ובין המשגיחים למושגחים. מומלץ שתנאי העסקתם של המשגיחים יעוגנו בהסכם קיבוצי מיוחד.

4.4.5.4 הוועדה סבורה שאימוצם ויישומם בפועל של ההמלצות האמורות לעיל בנוגע למערכת הכשרות במדינה, תביא בסופו של דבר להעלאת קרנה של תעודת ההכשר המונפקת על ידי הרבנות הממלכתית במדינה.

4.5 __מקוואות ובתי כנסת__

המועצות הדתיות מתחזקות את המקוואות הנמצאות בתחומן ומשתתפות עד כמה שמאפשר תקציבן בתחזוקתם של בתי הכנסת הנמצאים בתחומן. רוב הנטל על התחזוקה השוטפת של בתי הכנסת נופל על כתפיהם של המתפללים. את בנייתם של המקוואות מממנת המדינה והיא משתתפת עד כמה שתקציבה מאפשר בבנייתם של בתי כנסת. בנוגע לבניית בתי כנסת המציאות מלמדת שיש נכונות של ציבור המתפללים לתרום כספים למטרה זו.

יחד עם זאת, מתברר שלא קיימת מודעות מספיקה אצל המופקדים על התיכנון הכולל של שכונות ואזורים חדשים במדינה לצורך בהקצאת שטחים לבנייתם של בתי כנסת ומקוואות, תוך התחשבות בכך שמקוואות, מעצם טבעם, צריך שימוקמו עד כמה שניתן במקומות שקטים שאינם מהווים מוקד להתקהלות קבע של הציבור.

__המלצת הוועדה:__
הוועדה ממליצה כי מעתה ואילך בכל תכנית מיתאר יכללו שטחים לשירותים דתיים לסוגיהם ויוקצו מקומות מתאימים להקמתם של בתי כנסת ומקוואות. הוועדה ממליצה שנושא זה יעוגן בהנחיות מכח חוק התיכנון והבניה.

כן ממליצה הוועדה שהמשרד לענייני דתות בשיתוף הרשויות המקומיות ימצא פיתרון במסגרת תקציבי הפיתוח של גופים אלו להקמתם של מיבנים לשירותים דתיים במקומות בהם האוכלוסיה המקומית אינה מצליחה בכוחות עצמה לגייס את האמצעים להקמתם של מבנים אלו.

4.6 **תמיכה במוסדות ופעולות תרבות תורנית**

חלק מתקציבן של המועצות הדתיות מוקצה לתמיכה במוסדות ולפעולות תרבות תורנית. מהעדויות ששמעה הוועדה עולה, שהמועצות הדתיות מחלקות את תמיכותיהם שלא בהתאם לקריטריונים אחידים. כל מועצה דתית קובעת לעצמה קריטריונים פנימיים כראות עיניה, שלא ניתנים לפיקוח ואיש גם אינו מפקח עליהם בפועל.

עוד יצויין, שהתמיכה במוסדות ופעולות תרבות תורנית אינם עניין למועצה הדתית בלבד והן נעשות גם במסגרות אחרות: חלק מתקציבן של הרשויות המקומיות מוקדש לתמיכה בנושאי דת וכמו כן קיימות מחלקות עצמאיות לתרבות תורנית ברשויות המקומיות.

על אף כפילות זו, נראה שקיימים תחומים שבהם מוטל על המועצות הדתיות להעניק תמיכה במוסדות, כגון בתי-כנסת ומרכזים קהילתיים דתיים המתקיימים במסגרת בתי הכנסת. כמו כן, מוצדק שהמועצה הדתית תתמוך בפעולות תרבות תורנית כדוגמת שיעורים בבתי כנסת ואירועים מיוחדים הקשורים במסורת ישראל. תמיכות אלה מוצדקות לאור העובדה שבתי הכנסת משמשים מגזרים גדולים של הציבור בימי חג ומועד או באירועים מיוחדים הנערכים בבתי כנסת כדוגמת טכס בר-מצווה. בנוסף, יש לזכור שבתי הכנסת משמשים אותו חלק באוכלוסיה, המדיר את רגליו מהשתלבות בחיים קהילתיים ותרבותיים כלליים.

הוועדה ממליצה שהתמיכה במוסדות והפעילות תרבות תורנית, יהיו חלק ממערך שירותי הדת המקובלים (להגדרת שירותים מקובלים - ראה סעיף 4.1 לעיל).

בנוסף, ממליצה הוועדה שיגובש נוהל למתן תמיכות על-ידי מועצות דתיות בהתאם לנוהל למתן תמיכות של רשויות מקומיות אותן הכינה וועדה בין משרדית בראשות היועץ המשפטי לממשלה, בעקבות הנוהל למתן תמיכות של משרדי ממשלה.

5. יחסי מועצה דתית ורבנות מקומית

אחת הסיבות העיקריות לשיבושים בתיפקודה של מועצה דתית היא מערכת יחסים לא תקינה בין המועצה הדתית לבין הרבנות המקומית. המצב המשפטי והעובדתי לפיו לא מוגדרים תחומי הפעולה והסמכויות של כל אחד מהגופים הנ"ל, מביא לאי-הבנות וחילוקי דעות בין גופים אלו.

כדי להתגבר על חילוקי דעות אלו פורסמו בחוזר מנכ"ל המשרד לענייני דתות 87/5 מחודש תשרי התשמ"ח (ספטמבר 1987), סדרי נוהל בתחומי הפעולה של לשכות הרבנות המקומית והמועצות הדתיות אשר אושרו על ידי מועצת הרבנות הראשית לישראל. סדרי נוהל אלה מקובלות עלינו.

מטרת סדרי הנוהל הנ"ל לקבוע ולהגדיר את התפקידים והסמכויות הנתונים לכל אחד משני הגופים הנ"ל וכן הפעולות שעליהם לעשותן במשותף.

המלצת הוועדה

הוועדה ממליצה, ליתר תוקף, לעגן בחקיקת משנה את סדרי הנוהל בתחומי הפעולה של לשכות הרבנות המקומית והמועצות הדתיות, לרבות הכלים להבטחת ביצועם.

6. הזרמים הלא אורתודוכסים והמועצות הדתיות

בפני הוועדה הופיעו נציגיהם של התנועה המסורתית והתנועה ליהדות מתקדמת.

תנועות אלו קבלו על אי שיתופם כחברים במועצות הדתיות ועל קיפוחם בהספקת השירותים הדתיים.

הוועדה סבורה כי אין כל מניעה לכך, שנציגי זרמים אלה יתמנו על ידי הרשויות המוסמכות לכך - ובעיקר על-ידי מועצת הרשות המקומית - להיות חברים במועצות הדתיות בהתאם למקובל.

הוועדה סבורה כי קהילות אלה זכאיות לשירותים דתיים ואין לקפחן לעומת קהילות אחרות.

הוועדה ממליצה שתינתן תמיכה למוסדותיהם הדתיים של הזרמים הלא אורתודוכסים, לרבות פעילותן הקהילתית-דתית, בהתאם לקריטריונים הנהוגים לגבי קהילות אחרות.

7. __תקציב וכספים__

7.1 __קביעת תקציב מועצה דתית__

חוק שירותי הדת קובע, שתקציבה של מועצה דתית יקבע בצורה ולפי כללים שיקבע השר לענייני דתות, בהסכמת הרשות המקומית במקום שלתושביו מספקת המועצה הדתית שירותי דת בתחום שיפוטה של רשות מקומית, ובכל מקום אחר בהסכמת השר לענייני דתות.

באין הסכמה בין המועצה הדתית ובין הרשות המקומית, יכריעו בדבר השר לענייני דתות ושר הפנים; באין הסכמה בין השרים, תכריע בדבר הממשלה ובהתאם להכרעתה יקבע תקציב המועצה הדתית. עוד קובע החוק, שהמועצה לא תוציא כל הוצאה שהיא אלא אם כן היא נכללה בתקציב שנקבע כאמור לעיל.

מכוח חוק שירותי הדת התקין השר לענייני דתות את תקנות תקציבי שירותי הדת היהודיים, התשמ"ה-1985, ובהם נקבע שהסכום הכולל של תקציב מועצה דתית לרבות סעיפי המשכורת שבו, יאושרו מראש בידי השר לענייני דתות.

לאחר קבלת אישור השר, על כל מועצה לקבוע את תקציבה בהתאם לטופס שבתוספת לתקנות ולהגישו להסכמת הרשות המקומית בתוך 30 יום. על הרשות המקומית לתת או שלא לתת את הסכמתה לתקציב בתוך 30 יום מהיום שהגיע לידיה.

בפועל, מתדיין משרד הדתות עם משרד האוצר על תקציבן של המועצות הדתיות במסגרת הדיון הכולל על תקציב משרד הדתות.

הוועדה מצאה שקביעת התקציב של המועצות הדתיות לא נעשה לאחר בדיקה אמיתית ומעמיקה של צרכיהם התקציביים של השירותים הדתיים. נציגי משרד האוצר, בהופעתם בפני הוועדה, הצביעו על גידול ריאלי בתקציבם של המועצות הדתיות, אולם גידול זה נעשה בהשוואה למדד בסיס שהיה תקציבם של מועצות דתיות בשנה מסוימת, בלא שנעשתה בדיקה האם בסיס זה משקף את צרכיהם האמיתיים של המועצות הדתיות או את היקף ומיגוון שירותי הדת היהודיים במדינה.

הוועדה סבורה, כי קו מנחה לקביעת תקציב המועצות הדתיות, יהיה הספקת שרותי החובה ברמה סבירה והקצבה להספקת השירותים המקובלים בהתאמה להקצבה לשרותים מקובלים אחרים.

<u>המלצת הוועדה:</u>
הוועדה ממליצה להקים ועדת מומחים קבועה בה יהיו חברים נציגי המשרד לענייני דתות, משרד האוצר ומשרד הפנים, שתבחן את תקציבן של המועצות הדתיות על בסיס העקרון המפורט לעיל מבלי להתבסס על "מדדים" קודמים בענין זה. הוועדה סבורה כי כחלק מהרצון לשפר את השירותים הדתיים חובה על המדינה לבנות תקציב המשקף נאמנה את הצרכים התקציביים של שרותים אלו.

בענין ההשתתפות בתקציב של המועצות הדתיות, אין הוועדה ממליצה לשנות את המצב הקיים לפיו ב-40% מהוצאות התקציב נושאת הממשלה באמצעות המשרד לענייני דתות וב-60% נושאת הרשות המקומית שבתחומה נמצאת המועצה הדתית.

7.2 ההכנסות העצמיות של מועצה דתית

בממוצע כ-20% מתקציבן הכולל של המועצות הדתיות הוא מהכנסות עצמיות שמקורן באגרות שונות שמרביתן נובעות מאגרות הקשורות בכשרות ושחיטה. בין היתר, גובות המועצות הדתיות גם אגרות בגין רישום נישואין. האגרות מוטלות מכוח תקנות שהוצאו על-פי חוק שירותי הדת.

הוועדה ממליצה שוועדת מומחים כנ"ל תבחן הגדלת שיעור האגרות בעד אותם שירותים שניתן להגדיל בהם את האגרות בלי פגיעה בכלל האוכלוסיה. כן ממליצה הוועדה שתעריף האגרות הניגבות על ידי המועצות הדתיות יבדק על-ידי ועדת מומחים לעיתים מזומנות, ועל כל פנים לפחות אחת ל-3 שנים, מתוך מגמה להתאימן לעלות השירותים שהמועצה הדתית מספקת.

כן ממליצה הוועדה שכמקור הכנסה נוסף יתאפשר למועצות דתיות לקבל תרומות, מענקים ועזבונות.

7.3 הזמנת שירותים ועבודות על ידי מועצה דתית

כדי למלא את תפקידה כנדרש, נזקקת מועצה דתית לעיתים להתקשרות עם גורמים שיספקו לה שירותים ועבודות.

הוועדה לא מצאה שקיימים במועצות הדתיות קריטריונים ברורים איזו הזמנת שרות ו/או עבודה מצריכה הוצאת מכרז ואיזו לא. כן לא קיימים בנמצא קריטריונים אחידים לגבי תנאי מכרזים שמוציאות מועצות דתיות.

הוועדה ממליצה להחיל על המועצות הדתיות את תקנות העיריות (מכרזים) התשמ"ח-1987, בשינויים המחוייבים.

8. משאבי אנוש

8.1 מעמד עובדי המועצות הדתיות

כיום מעוגנים זכויותיהם של עובדי המועצות הדתיות בהסכמים קיבוציים המשווים את מעמדם, חובותיהם וזכויותיהם לפי סוג עיסוקם לעובדי הרשויות המקומיות.

הוועדה ממליצה להמשיך ולהקפיד בכל דיון על מעמדם, חובותיהם וזכויותיהם של עובדי המועצות הדתיות, על השוואתם לאלו של עובדי הרשויות המקומיות ולעגן הסדר זה בתקנות של השר לענייני דתות באישור שר הפנים.

8.2 עובדי המועצות הדתיות: הכשרתם ודרכי מינויים

בדומה לאמור לעיל בדו"ח זה בכל הנוגע להכשרתם של משגיחי הכשרות, כך גם שאר עובדי המועצות הדתיות המקצועיים והלא-מקצועיים אין לגביהם נוהלי הכשרה ברורים. בנוסף לכך, אין דאגה מצד המועצות הדתיות לקיומם של השתלמויות קבועות ומסודרות לעובדי המועצות הדתיות.

אין במועצות הדתיות נוהל אחיד לקבלת עובדים. מועצות דתיות שהופיעו בפני הוועדה העידו על קיומם של מכרזים למישרות פנויות במועצות הדתיות, אולם לא בכל המקרים מתקיימים מכרזים.

בפני הוועדה הועלו טענות על-כך שלעיתים מתמנים עובדים במועצות דתיות על בסיס של קירבת משפחה בין איש המועצה הדתית לבין העובד, דבר שהוא כמובן פסול מעיקרו.

המלצות הוועדה:

1. יוקם מכון ארצי ליד המשרד לענייני דתות שיעסוק בהכשרת עובדים מקצועיים למועצות הדתיות ויערוך השתלמויות בהתאם לנדרש לעובדים אלו.

2. עובדי המערך המינהלי במועצות הדתיות ישולבו במערך ההדרכה של עובדי הרשויות המקומיות בנושאי מינהל.

3. על קבלת עובדים למועצות הדתיות יוחלו, תקנות העיריות (מכרזים לקבלת עובדים), התש"ם-1979, בשינויים המחוייבים.

8.3 המשרתים בקודש בישובים

שירותי הדת בישובים בהם אין מועצות דתיות, ניתנים באמצעות משרתים בקודש, והם: רבנים אזוריים, רבני ישובים, שוחטים ובודקים, מדריכות דת ובלניות. עניין המשרתים בקודש, יחד עם נושא הכשרות, עמד במרכזו של דו"ח מבקר המדינה מספר 42 לשנת 1991 בפרק הדן במשרד לענייני דתות.

דו"ח מבקר המדינה עסק בעיקר בתשלומים למשרתים בקודש ובביקורת על מינויים ועל סידרי התשלום למשרתים בקודש.

מעמדם של המשרתים בקודש שנידון בדו"ח מבקר המדינה נוגע למערך הכללי של אספקת שירותי הדת במדינה שבעיקרו מסופק על ידי המועצות הדתיות. לכן, הוועדה מצאה לנכון לעסוק בשאלה זו.

את שכרם של המשרתים בקודש מממנים המשרד לענייני דתות - 45%, משרד הפנים - 45%, והישוב שבו מועסק המשרת בקודש - 10%. בנוסף לכך, משלם המשרד לענייני דתות לישובים את הוצאות ההחזקה של העירובין והמקוואות. שיטת תיקצוב זו אינה מעוגנת בחוק שירותי הדת והיא מבוססת על החלטה שנתקבלה בוועדת הפנים של הכנסת לפני כ-30 שנה.

שיטת תיקצוב זו העלתה שאלות וספקות סביב מעמדם של המשרתים בקודש. המדינה אינה רואה בהם עובדי מדינה והמועצות האזוריות אינן מוכנות לראות בהם עובדים שלהן. שאלה זו הגיעה גם לדיון בבית הדין לעבודה וקיימת פסיקה סותרת בענין זה.

בשנים 1980 ו-1983 קיימה ועדת הפנים ואיכות הסביבה של הכנסת דיונים בשאלת מעמדם של המשרתים בקודש, אולם דיונים אלו לא הביאו להתפתחות כלשהיא בנושא זה.

- 48 -

מנכ"ל המשרד לענייני דתות מינה ועדות שונות כדי למצוא פתרון לסוגיה זו, אולם בפועל לא נעשה דבר לפתרון הבעיה.

הוועדה ממליצה שלאחר קבלתה ויישומה של המלצתה להקמת מועצות דתיות מחוזיות, יהפכו המשרתים בקודש לעובדיהם של המועצות הדתיות המחוזיות שבתחומן הם עובדים.

9. פיקוח ובקרה

התקנות בדבר ניהול מועצות דתיות קובעות שראש המועצה הדתית והגזבר חייבים, במועד ובצורה שהורה השר, להגיש לו דו"ח כספי המאושר על ידי רואה חשבון מוסמך, על הכנסותיה והוצאותיה של המועצה.

על פי התקנות הנ"ל, השר לענייני דתות רשאי לחייב חברים או עובדים במועצה דתית לממן מכיסם הוצאות בלתי חוקיות של המועצה, שהם נושאים באחריות להן.

בנוסף לפיקוח ולביקורת הנעשים על ידי המשרד לענייני דתות, נתונות המועצות הדתיות לביקורת של מבקר המדינה שעורך מידי פעם ביקורת במועצות דתיות שונות. כמו כן, נתונות המועצות הדתיות לביקורת של מבקר הרשות המקומית בתחומה הן פועלות.

בשנה האחרונה, נכנס לתוקפו חוק הביקורת הפנימית, התשנ"ב-1992, אשר לדעת הוועדה, מחייב כל מועצה דתית, בהיותה "גוף ציבורי", למנות לה מבקר פנימי כמשמעותו בחוק הנ"ל. הוועדה מצאה שקיים חוסר בהירות לגבי תחולת החוק וכי למיטב ידיעת הוועדה, טרם מונה, בשום מועצה דתית, מבקר פנימי כאמור.

בבדיקת הוועדה נמצא שהביקורת והפיקוח שמבצע המשרד לענייני דתות על המועצות הדתיות הם דלים ביותר, יתכן שמצב זה נובע מכח האדם המצומצם המוקצב לנושא זה במשרד. תפקיד הפיקוח והביקורת הוא מתפקידיו המרכזיים של המשרד לענייני דתות כמייצגו של השלטון המרכזי הבא לפקח על תפקודם של המועצות הדתיות במישור המקומי.

עוד מתברר, שעל אף קיומן של הוצאות כספיות בלתי חוקיות במועצות דתיות, לא הפעיל השר לענייני דתות מעולם את סמכותו לפי התקנות בדבר ניהול מועצות דתיות, ולא חייב מעולם את האחראים לכך מבין המועצה הדתית, חבריה או עובדיה, במימון ההוצאות הנ"ל מכיסם.

מאידך גיסא, הביקורת שמבצעים מבקרי הרשויות המקומיות במועצות הדתיות, מביאה לשיפורים ולתיקון בהתאם למימצאים. כדוגמא ניתן להביא את המועצה הדתית תל-אביב בה, בעקבות דו"ח הביקורת של מבקר עירית תל-אביב, מבוצעת עתה, בשילוב עם העיריה, תכנית רה-ארגון של המועצה הדתית.

__המלצות הוועדה:__

1. מועצה דתית תהיה חייבת להגיש מדי שנה דו"ח כספי מאושר על ידי רואה חשבון על הכנסותיה והוצאותיה של המועצה וזאת תוך 3 חודשים מתום השנה. רואה-החשבון ייבחר מתוך רשימה של רואי-חשבון שתוכן על-ידי השר לענייני דתות ושר המשפטים. תנאי העסקתם והיקף משרתם של רואי-החשבון ייקבעו על-ידי השר לענייני דתות, בהתאם לקריטריונים המקובלים להעסקתם ברשויות המקומיות. רואה חשבון אחד יוכל להתמנות כרואה חשבון של מספר מועצות דתיות.

2. ימונה מבקר פנימי בכל מועצה דתית, וזאת גם אם נותר ספק אם חוק הביקורת הפנימית, התשנ"ב-1992, חל על מועצה דתית. המבקר הפנימי ייבחר מתוך רשימה של מבקרים פנימיים שתוכן על-ידי השר לענייני דתות ושר הכלכלה והתיכנון. תנאי העסקתם והיקף משרתם של המבקרים הפנימיים ייקבעו על-ידי השר לענייני דתות, בהתאם לקריטריונים המקובלים להעסקתם ברשויות המקומיות. מבקר פנימי אחד יוכל להתמנות כמבקר פנימי של מספר מועצות דתיות.

3. המשרד לענייני דתות יקיים יחידת פיקוח וביקורת יעילה של המשרד על המועצות הדתיות ויקבע כללים וקריטריונים לביקורת זו.

4. יחידות הביקורת בכל רשות מקומית יקיימו ביקורת סדירה במועצות הדתיות שבתחומן ויעבירו את ממצאיהן דרך קבע למשרד לענייני דתות.